AF385119

30 centimes la Livraison.

LA GRANDE BOHÊME

HISTOIRE DES ROYAUMES

D'ARGOT ET DE THUNES

DU DUCHÉ D'ÉGYPTE, DES ENFANTS DE LA MATTE

DES RACES MAUDITES ET DES CLASSES RÉPROUVÉES

Depuis les temps les plus reculés jusqu'à nos jours,

SUIVIE

D'UN DICTIONNAIRE COMPLET

Des diverses Langues fourbesques et argotiques de l'Europe à toutes les époques,

PAR

FRANCISQUE-MICHEL ET ÉDOUARD FOURNIER.

PARIS,

5, RUE DU PONT-DE-LODI (GRAND ESCALIER),

Et chez tous les Libraires et Dépositaires de publications pittoresques de la France et de l'étranger.

2 — 3. Livraison.

LIVRE PREMIER.

HOTELLERIES, CABARETS.

(SUITE.)

CHAPITRE V.

LES HOTELLERIES ET LES CABARETS

DU XVe AU XVIe SIÈCLE.

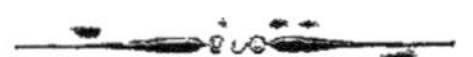

SOMMAIRE. Misère de Paris au commencement du xve siècle. — Les Anglais et les loups
maîtres de la ville. — Famine. — Les tavernes désertées par les buveurs et hantées par
les conspirateurs. — Édit du roi anglais Henri VI qui restreint de moitié le nombre des
cabaretiers. — Plaintes des poëtes. — Regrets du temps passé. — Le chanoine Roger de
Collerye. — Comment ce prêtre est le prototype de Roger Bontemps. — Son histoire. —
Sa manière de dire les offices. — Ce qu'était sa chapelle. — L'*office du vin* selon l'auteur
du *Catholicon des mal advisés.* — Appel fait par Roger Bontemps à tous les bons drôles ,
surtout aux suppôts de la basoche. — Un mot sur le cabaret du *Pot de cuivre* à Dijon où
s'assemblent les enfants de la *Mère-folle.* — La *nef des fols.* — Les enfants *Sans-soucy.* —
Ballade que Marot écrit pour eux. — Le mardi gras de l'an de bombance 1511. — *Teneur
du cry* ou annonce qui invite tous les *sotz* à cette fête. — Le *prince des sotz* aux Halles. —
Une ballade d'Étienne Dolet. — Pourquoi cet imprimeur poëte fut brûlé, et pourquoi les
écoliers ne durent pas le plaindre. — Un dernier mot sur Roger-Bontemps. — Discussion
à propos de son nom, etc. — Encore les moines au cabaret. — Le moine aux monosyllabes.
— Les jacobins au cabaret du *Treillis vert.* — Les taverniers hypocrites. — Images saintes
dans leurs bouges. — Comment chaque chambre des hôtelleries porte un nom de saint ou
de sainte. — Le diable cabaretier. — Bon tour que lui jouent des soldats. — Comment toute
l'histoire de la réforme se passe dans les tavernes, etc. — La vente des indulgences. — Ce
que dit Cornelius Agrippa dans son livre de la *Vanité des sciences* sur les moines mendiants.
— Les Augustins et autres moines comparés aux bohémiens. — Luther et Carlostadt a l'*Ourse
noire.* — Une histoire de cabaret racontée par Bossuet. — Naissance de Calvin à l'hôtellerie
des *Quatre nations.* — Hôtes divers des tavernes. — Les avocats et les voleurs pêle-mêle.
— Les soldats et les servantes. — Une cabaretière au xvie siècle — Les cabarets-tripots.
— Une cause célèbre en 1599. — Assassinat dans l'hôtellerie des époux Bellanger. —
Complots dans les tavernes et les hôtelleries. — La conspiration d'Amboise à l'hôtel garni.
— Le tripotier Becquet. — Assassinat chez les taverniers Perrichon et Levasseur pendant
la ligue — Édit de 1562 sur la police des hôteliers et cabaretiers. — Philosophes et poëtes
à l'hôtellerie et au cabaret. — Villon : sa vie dans les tavernes. — Rabelais. — Sa naissance
à l'hôtellerie de *la Lamproye,* etc. — Mellin de Saint-Gelais. — Sa *folie aux hostelliers.* —
Passerat, son sonnet sur les auberges d'Angerville et d'Artenay. — Montaigne en voyage.
— Ce qu'il raconte des auberges de Suisse et d'Italie. — Curieux détails. — Excursions
dans les cabarets de Rome. — Érasme. — Ce qu'il dit des hôtelleries de la Suisse et de
l'Allemagne. — Shakespeare. — Comment une grange d'auberge est son premier théâtre, etc.
— Conclusion.

Le xv⁰ siècle est un temps de deuil pour nous. Si nous voulions le bien décrire avec toutes ses détresses et toutes ses misères, il faudrait mettre un crêpe à notre plume ou plutôt laisser là notre œuvre, bien qu'elle doive être le récit des douleurs sociales aussi bien que le tableau des débauches et des infamies.

Paris alors est aux mains des Anglais. C'est une ville captive et bâillonnée. Au lieu d'un roi fou, la conquête lui a donné pour souverain un enfant presque idiot, l'imbécile Henri VI. Le peuple y meurt de tristesse et de faim. Autrefois au moins, dans les plus mauvaises années du règne de Charles VI, il avait, pour se distraire un peu, le spectacle des fêtes et des mascarades bruyantes qu'on donnait à l'hôtel Saint-Pol, le palais des grands *esbattements* royaux ; ou bien, comme allégement de ses ennuis, comme satisfaction de ses haines cruelles, il lui était encore donné de voir, à certains jours, le supplice de quelques grands rebelles, décapités en place de Grève ou clandestinement noyés dans la Seine, aux environs de la tour de Nesle ou de la tour de Billy ; il avait aussi ses journées de représailles en ce temps-là, journées sanglantes des *maillotins* et de caboche, où le maillet populaire avait raison de la dague féodale ; journées de massacre et de débauche, où l'on passait sans encombre de la Grève, toute ruisselante de carnage, à la taverne, toute pleine de bruit et de rires joyeux,

de l'orgie du sang à l'orgie du vin. C'étaient là les belles journées du peuple ;
le droit de tuer, le droit de boire dans toute leur hideuse licence ; mais maintenant, ces jours si terribles par leurs crimes et même par leurs joies sont passés.
Paris n'est plus libre, Paris est à son tour la proie d'une conquête. Le peuple
qui lui est le plus odieux, l'Anglais, pour lequel il se sent au cœur une haine
d'instinct, le tient pantelant dans ses serres, c'est une sentinelle anglaise qui
garde ses portes, c'est un roi anglais qui trône dans son hôtel Saint-Pol et dans
son Louvre, c'est un fauconneau anglais qui, toujours braqué et mèche allumée,
le regarde et le menace du haut des noirs créneaux de la Bastille. Toutes les
misères à la fois l'accablent et le dévorent, ce pauvre peuple de Paris. Comme
si ce n'était pas assez des Anglais pour le ronger jusqu'aux os, les bêtes fauves
elles-mêmes se sont mises de la partie, et la curée est complète. Les loups sont
sortis par bandes des bois immenses qui alors serraient de près la ville et lui
faisaient comme une ceinture d'ombrages ; ils sont entrés par les brèches des
murailles, par les portes mal closes, et, à la nuit tombante, ils se ruent en hur-
lant sur les passants attardés. Ils rôdent surtout aux environs des cimetières
« et même dans les rues, dit M. de Barante, pour dévorer les corps morts dont
ils trouvaient abondance. » Le voisinage du cimetière Saint-Jean fait que la
Grève en est infestée ; mais les environs de celui des Innocents sont plus dangereux encore : « Et si, lisons-nous dans le *Journal du bourgeois*, mangèrent
un enffent de nuit en la place aux Chats, derrière les Innocents. » C'est pendant l'hiver de 1420 que ces bandes errantes font le plus de ravages, en 1438
elles reparaissent ; et alors, s'il fallait en croire le récit peut-être un peu exa-
géré du chroniqueur déjà cité, le nombre de leurs victimes s'accrut encore. Il
paraîtrait qu'en septembre de cette année-là les loups dévorèrent quatorze personnes entre Montmartre et la porte Saint-Antoine.

Encore est-ce là le moindre et le plus évitable des maux qui s'étaient
abattus sur Paris et qui le dévoraient en ce temps-là. La famine était un fléau
bien autrement terrible, et qui, le froid aidant, jetait sur le pavé des rues un
bien plus grand nombre de victimes : « La ville, écrit M. de Barante, continuait
à souffrir une horrible misère ; le pain devenait chaque jour plus rare et plus
cher ; il fallait se lever la nuit pour aller faire foule à la porte des boulangers,
et encore, il n'y en avait pas pour tout le monde. Les riches qui pouvaient,
outre le prix du pain, payer pinte ou chopine de vin au garçon boulanger,
étaient les seuls servis. On voyait de pauvres petits enfants se traîner dans les
rues en pleurant et en criant : « Je meurs de faim. » Ils tombaient sur les
fumiers où on les trouvait morts d'inanition et de froid ; car le bois était
devenu aussi d'une rareté extrême, et ce n'était pas une des moindres souffrances. »

A quoi bon ajouter qu'au milieu de toutes ces misères celle des cabaretiers était la plus grande. Ces gens, qui vivent de la joie et de l'abondance, devaient naturellement être les premières victimes de la détresse publique et de la famine. C'est ce qui arriva ; nos vins, proie de la conquête, étaient emportés par immenses naulées en Angleterre. A la place, on nous rendait cette froide ale anglaise dont nous vous avons déjà dit l'histoire en lui laissant le nom de *godale* (bonne *ale*), qu'on lui donnait alors un peu par antiphrase. On nous laissait aussi, comme par grâce, nous abreuver d'une mauvaise piquette faite de pomme et de prunelles, et qu'on appelait *despense*.

Comment vouliez-vous qu'avec de pareilles boissons à mettre en vente, et dans un temps pareil, les cabaretiers pussent mener leur métier ? Aussi, la plupart fermaient-ils boutique ; ou bien ne l'ouvraient que pour tenir chez eux assemblées clandestines où se tramait à bas bruit la ruine de l'Anglais. La police de Henri VI et de son tuteur, le duc de Bedfort, faisait bonne garde ; elle eut connaissance de ces menées des taverniers, qui, pour se dédommager de n'avoir plus de vin à vendre et de pratiques à enivrer, faisaient métier et marchandise de politique et de complots ; le 23 février 1429, une ordonnance que nous avons déjà citée plus haut fut rendue par le roi anglais en vue de ces désordres. Ceux qui se faisaient les agents de ces conspirations de tavernes furent menacés des peines les plus sévères ; et, afin de mieux couper court au mal en rendant moins nombreux les bouges où il s'abritait et trouvait son aliment, un de ses articles réduisit de soixante à trente-quatre le nombre des cabaretiers qui exerçaient alors à Paris.

De là, nouvelles imprécations contre le roi anglais ; de là, nouvelles plaintes de tous ces pauvres diables, qui regrettaient le temps passé, le *bon temps*, et dont l'ivresse des cabarets, quelque piteuse et frelatée qu'elle fût alors, était la dernière consolation.

Nous n'en finirions pas s'il fallait vous citer toutes les pages des livres de ce temps-là où les regrets de ce *bon temps* se trouvent formulés en phrases plus ou moins amères. C'était le thème favori des poetes ; partout, quel que fût le caractère de l'œuvre qu'ils écrivissent, ils trouvaient le moyen de glisser des vers pleins d'angoisses, comme désolation du présent et comme regret du passé. Voici par exemple ce que nous lisons dans le *Mistere du viel Testament par personnages*, etc., scène de *Laban, ses bergiers, et ses filles, et de la venue de Jacob en Mesopotamye* :

SUFFLAR.

Le bon temps, qu'est-il devenu,
Jetham ? il n'en est plus nouvelles

JETHAM.

A ceste heure il est descongneu
Le bon temps.

SARRUG.

Qu'est-il devenu?
Plus n'est comme je l'ay congneu.

SUFFÈNE.

Est-il chanu?

SARRUG.

Est-il ange ou s il a des elles,
Le bon temps?

SUFFÈNE.

Qu'est-il devenu,
Jetham?

JETHAM.

Il n'en est plus nouvelles, etc.

Un de ceux qui se distinguérent le mieux par ces plaintes contre la misère du temps présent, parce que sans doute il s'était aussi distingué le mieux par son ardeur pour les joies et les orgies du temps passé, ce fut un chanoine d'Auxerre nommé Roger Collerye; assez bon poète, mais gourmand meilleur. Il chanta si bien le *bon temps*, le regret étant pour sa muse ce que l'indignation avait été pour celle de Juvénal; il personnifia si complétement en lui l'objet de ses plaintes, qu'on ne les sépara plus; le poëte et son sujet ne firent qu'un tout, sous une seule et même appellation. De par sa bonne humeur et le caractère joyeux de ses vers, le chanoine auxerrois perdit son nom de Collerye pour prendre celui de Bontemps, et comme son prénom de Roger lui resta toujours, on eut en lui, complétement baptisé, le type encore vivant de la gaieté populaire, toujours franche, gaillarde, épanouie, éclatante; Roger Bontemps. M. de Paulmy consacre ainsi cettte origine du célébre type : « Roger de Collyrie n'est vraiment illustre que parce que l'on assure que c'est lui qui est le véritable Roger Bontemps. Bontemps était en effet le sobriquet qu'il avait adopté et sous lequel il se désignait dans ses poésies. Il le justifiait par le genre de ses productions, toujours gaillardes et même un peu libertines. Cependant il était prêtre, et secrétaire de l'évêque d'Auxerre... »

Quelques vers, extraits çà et là de ses poésies, petit volume rarissime publié en 1536, nous prouveront mieux encore comment le renom joyeux du chanoine n'est pas un renom usurpé.

Commençons par les plaintes, qui ne durent guère chez lui, et qui sont toujours tempérées d'un sourire. C'est dans son *Dialogue des abusez* qu'on trouve les plus amères :

— Quel temps court-il? — Temps à redire.
— N'est pareil au temps passé.
— Du temps passé mon cœur soupire,
Au temps qui court le monde empire
De jour en jour. — J'en suis lassé.
— Or, est le bon temps trépassé

Mais la plainte, encore une fois, ne dure guère pour le chanoine bon vivant, c'est la note la plus brève de sa gamme poétique. Bontemps est mort, vient-il de dire, eh bien, il faut qu'il renaisse, ajoute-t-il présque aussitôt, comme s'il voulait qu'il n'y eût pas interruption dans sa lignée joyeuse, et qu'il en fût au contraire pour cette dynastie de la joie comme pour celle de la royauté. Bontemps est mort! Vive Bontemps! Et pour qu'il ressuscite mieux, c'est en lui que le chanoine le fait revivre. Tout d'abord, il se compose un digne cortége, une cour tout à fait bien *duisante*. Pour faire appel à tous ceux qu'il veut pour compagnons et pour escorte, il ne dit qu'un mot : Je suis Bontemps. Or, s'écrie-t-il dans la ballade dont cet appel est le sujet :

> Or, qui m'aymera si me suive,
> Je suis *Bontemps*, vous le voyez
> . . . .
> Moi, mes suppôts, à pleine rive,
> Nous buvons d'une façon vive
> A ceux qui y sont convoyés.
> Danseurs, sauteurs, chantres, oyers (rôtisseurs),
> Je vous retiens de ma chapelle.

Sa chapelle! digne chanoine, et qu'était-ce que cette chapelle? vous l'avez dit déjà sans doute, une bonne et grasse taverne bien close et bien hantée; quelque cabaret dont il desservait les offices en compagnie de cet autre chanoine auxerrois dont il fit l'agréable épitaphe, prêtre d'aussi bon appétit que lui, prenant pour devise : Courte prière et long dîner; passant volontiers ses heures en taverne, empruntant avec plaisir, rendant avec peine, et lequel enfin, pour en finir avec lui par quelques vers de l'épitaphe :

> A ses debteurs disoit des paraboles,
> •Et les payoit doucement en paroles.
> Aucunes fois au sexe féminin
> Se démontroit gracieux et benin, etc.

Sa chapelle, encore une fois, car ce mot un peu profane ici nous tient au cœur, sa chapelle, à ce brave Roger de Collerye, c'était celle de tous les prêtres de ce temps-là, celle de ces moines dont parle si souvent Rabelais et qui laisseraient plutôt troubler le *service divin* que le *service du vin;* celle encore de ces gourmands tonsurés dont Laurens Desmoulins nous décrit les rites gastronomiques dans son livre si rare le *Catholicon des maladvisez :*

> Les gros gourmands n'ont jamais d'autre église
> Qu'une cuisine où ils font leur service,
> Et le prêtre est que pas fort je ne prise;
> Le cuisinier qui fait par haute guise
> Oblation au ventre et sacrifice,
> Car autre Dieu n'ont, la chose est notice
> . . . .
> Et leur autel est sans qu'on le demande
> La belle table ou souvent on gourmande.
> L'odeur des mets est l'encens délectable

Roger lui-même avoue qu'il n'avait pas d'autre foi et ne pratiquait jamais d'autre culte :

> A Dieu foisois, en tout temps et saison,
> Soigneusement breve et courte oraison,
> Trouvé n'étois en roches ni cavernes,
> Soigneusement visitois les tavernes.

Et pour mener là la vie joyeuse avec toute sa licence, pour y boire *d'autant et d'autel*, comme dit encore Rabelais, *pour y manger pâtenotres et tout*, il ne se contentait pas de la sequelle ardente, gloutonne et libertine, qu'il a conviée tout à l'heure , il lui fallait encore, pour grossir son cortége, les clercs du Parlement, les clercs du Châtelet, toute la basoche enfin , bande trop austère par métier, pour ne pas être avidé de gaillardises dans ses récréations, gent trop braillarde pour ne pas être toujours altérée. Sus, leur dit-il :

> Bon pied, bon œil, sus, à coup qu'on s'éveille ;
> Francs chastelains, soudain, tôt à l'estrade
>
> . . . .
>
> Gentils suppôts, aujourd'hui je conseille,
> Pour éviter d'avoir la bouche fade,
> Qu'en un préau, au dessoubs d'une treille,
> A ces flacons vous tirerez l'oreille.

Quel appel gaillard et bien digne de trouver un écho dans tous les cabarets et sous toutes les treilles de la France, depuis Auxerre la vermeille jusqu'à Sens, autre grasse cité, toute pleine de gras chanoines ; depuis Dijon, la bonne ville du 'bon vin bourguignon , où les' gais suppôts de la *mère folle* tenaient leurs assises à cet éternel cabaret du *Pot de cuivre*, ouvert et baptisé en 1250, et encore debout au milieu du XVIIe siécle, en 1630 ; jusqu'à Paris, cette capitale si plantureuse en toutes sortes de biens et de joies ; ce chef d'ordre de toutes les compagnies du plaisir, de toutes les congrégations de la bombance. Jamais, que nous sachions , ses écoliers, fussent-ils de la nation allemande et *lichards (leccatores)* de la nef des fols *(navis stultifera)*, jamais ses basochiens, je dis les meilleurs , les plus gais , ceux qui menaient le mieux farces et *sotties* en rayant de leur talon ferré la surface glissante de la table de marbre, jamais enfin ni les *enfants Sans-soucy*, ni aucun des sujets du prince des sots n'avaient oui proclamation plus affriandante, *cry* plus digne de les provoquer aux *franches lippées* de la fête de l'Ane et aux ivresses des tavernes.

Je n'en excepte, pour entrer en parallèle et l'emporter sur cette pièce du chanoine d'Auxerre, que la ballade composée par Clément Marot pour ses compéres les *enfants Sans-soucy*, et la fameuse complainte *Teneur du cry*, rimée pour le mardi gras de 1511 , à l'occasion d'une grande représentation de Gringore. Nous allons vous donner ballade et *cry* ; aussi bien ce sont choses de notre sujet ; vous croiriez, tant ils allèchent à l'ivresse et poussent aux hantises du cabaret, ouïr encore l'appel du cabaretier vous hélant de la voix et du geste, et, du haut de son seuil, vous provoquant à boire. Par ma foi, si après avoir lu ces vers friands vous vous sentez en humeur de ripaille, ne vous en prenez qu'aux poetes qui vous y auront mis par leurs rimes alléchantes, et dites volontiers ce que disait le héros des *Débats et facétieuses rencontres de Gringalet et de Guillot Gorgeu, son maistre :* « Le tavernier a plus de tort que moy, car passant devant sa porte, et luy étant assis (ainsy qu'ils sont ordinairement); il me cria, me disant : Vous plaist-il de déjeuner céans? Il y a de bon pain, de bon vin et de bonne viande. »

Nous commencerons par la ballade, laquelle, nous le répétons afin de vous donner mieux le désir de la lire, est de maitre Clément Marot :

BALLADE DES ENFANTS SANS-SOUCY.

Qui sont ceux-là qui ont si grand envie
Dedans leur cueur, et triste marisson,
Donc cependant que nous sommes en vie,
De maistre ennuy n'écoutons la leçon?
Ils ont grand tort, veu qu'en mainte façon
Nous consommons nostre florissant âge,
Sauter, danser, chanter à l'avantage,
Faux anvieux est-ce chose qui blesse,
Nenny pour vray, mais toute gentillesse
Et gay vouloir qui vous tient en ses laqs,
Ne blasmez pas doncques nostre jeunesse,
Car noble cueur ne cherche que soulas.

Nous sommes druz, chacun ne nous suit mye,
De noirs soucys ne sentons le frisson,
Mais de quoy sert une teste endormie?
Autant qu'un bœuf dormant près d'un buisson,
Languards piquants plus forts que hérisson,
Ou plus reclus qu'un vieil corbeau en cage,
Jamais d'autruy ne tiennent bon langage ;
Toujours s'en vont cherchant quelque finesse
Mais entre nous nous vivons sans tristesse,
Sans mal penser, plus aises que prélats,
Sans dire mal, c'est donc grande simplesse,
Car noble cueur ne cherche que soulas.

Bon cueur, bon corps, bonne phizionomie,
Boire matin, fuyr noise et tanson ;
Dessus le soir, pour l'amour de sa mie,
Devant son huys la petite chanson,
Trancher du brave et du mauvais garçon ;
Aller de nuict sans faire aulcun outrage,
Se retirer; voilà le tripotage.
Le lendemain recommencer la presse
Conclusion : nous demandons liesse,
De la tenir, jamais ne fûmes las,
Et maintenant que cela est noblesse.
Car noble cueur ne cherche que soulas.

ENVOY.

Princes d'amour à qui devons hommage
Certainement, c'est un fort grand dommage
Que nous n'avons en ce monde largesse
Des grands trésors de Junon la déesse
Pour Vénus suivre, et que dame Pallas
Nous vint après réjouir en vieillesse,
Car noble cueur ne cherche que soulas.

Voyons maintenant le *Teneur du cry*, qui eut tant d'échos des Halles jusqu'à la place Maubert, au mardi gras de l'année de bombance 1511 ; mais auparavant, écoutez ce que dit M. Sainte-Beuve sur cette grande journée de farces et de *beuveries*, où l'argot et le vieux *gof* des Halles eurent si beau jeu. Ce vous sera une occasion de savoir, si vous ne le savez déjà, ce qu'était, au xvie siècle, une représentation dramatique.

« Le mardi gras de l'année 1511, dit donc M. Sainte-Beuve, est surtout mémorable, dans l'histoire du théâtre, par la représentation du *Prince des sots* et de *Mère sotte*; qui se donna aux halles de Paris, sous la direction de Jean Marchant, charpentier, et de Pierre Gringore, compositeur. Le spectacle était composé d'une sottie, d'une moralité et d'une farce ; et la sottie elle-même, composée d'un *cry*, espèce de prologue en style d'argot. A l'appel qui leur est fait, les sots de toute espèce s'assemblent : On voit arriver les grands de la cour, le *seigneur de Joye*, le *seigneur du Plat*, le *seigneur de la Lune*, le *général d'Enfance*; on cause de l'excellent prince :

LN DES SOTS,

On lui a joué de fins tours

LN AUTRE SOT.

Il en a bien la congnoissance,
Mais il est si humain tousjours,
Quand on a devers luy recours,
Jamais il ne use vengeance.

« Les abbés et prélats font défaut; on cherche l'*abbé de la Courtille*, autrement dit *de Plate bourse* :

Je cuyde qu'il est au concile.

» Il arrive pourtant tout essoufflé. On jase très-librement des absents :

Vos prélats ont ung tas de moynes,
Ainsy que moines réguliers,
Mais souvent dessouls les courtines
Ont créatures féminines
En lieu d'Heures et de Psautiers.

»Dans la scène suivante arrive *Mère sotte* « habillée par-dessous en Mère » sotte, et par-dessus son habit ainsi comme l'Église; » elle déclare à *Sotte occasion* et à *Sotte France*, ses deux confidentes, qu'elle veut usurper le temporel des rois, et, à la faveur de son déguisement, elle s'applique à séduire les prélats et abbés du *Prince des sots*. *Plate bourse* et les autres courent au piége. Ces prélats révoltés et les seigneurs fidèles engagent un combat, pendant lequel le prince découvre la robe de Mère sotte, et lui arrache son vêtement emprunté. Les combattants alors reconnaissent leur erreur, et s'entendent pour déposer la fausse papesse. Notez que *Sotte commune*, c'est-à-dire le bon peuple qui paie, n'a cessé de faire entendre ses doléances à travers ce jeu..... *plectuntur Achivi*. L'allusion personnelle au pape paraît encore plus à nu, s'il est possible, dans la moralité de l'*Homme obstiné*, qui fut jouée après la sottie. D'une part, le *peuple français* et le *peuple italique* déplorent leurs maux, de l'autre, *Simonie* et *Hypocrisie* célèbrent leurs propres vices, et l'*Homme obstiné* en *miles gloriosus*, énumère les siens dans une ballade; comment il aime à faire et défaire les rois; à braver ciel, terre et enfer; à boire soir et matin du *vin de Candie friand et gaillard*, etc. Mais, à l'arrivée de *Pugnition divine*, qui menace les endurcis des flammes éternelles, et à la vue des *Démérites communes*, en qui chacun peut reconnaître ses péchés comme en un miroir, tout le monde se convertit, excepté l'*Homme obstiné*, qui persévère dans l'impénitence et qui reste piqué du *ver-coquin*, comme il dit. Le même jour du mardi gras 1511, ajoute M. Sainte-Beuve, la sottie et la moralité furent suivies d'une farce joyeuse tout à fait étrangère aux affaires publiques, et qui n'avait de hardi que son obscénité. Malgré tout, un souvenir historique s'attache à cette représentation des Halles qui faisait ainsi, comme la petite pièce et les violons à la veille du concile de Pise et de la bataille de Ravenne. Nous avons là nos franches atellanes gauloises; c'est déjà notre vaudeville. »

Oui, nous sommes de l'avis du savant et ingénieux critique, c'est déjà notre vaudeville, moins la morgue prétentieuse et l'apprêt cherché; plus la franchise et la modestie. Ils ne cherchent pas leur esprit, ces braves gens de la table de marbre; ils ne courent pas après, et quand ils l'ont trouvé, ils ne le thésaurisent pas en avares; ils le donnent tel qu'il éclôt, en pleine verve, en plein éclat de rire; ils le dépensent comme une richesse infuse et intarissable; et même, voilà le plus merveilleux, alors qu'ils sont le mieux en fonds de ce bon et savoureux esprit, et qu'ils le prodiguent avec le plus de largesse, ils veulent toujours qu'on les appelle *sotz*, compères de *Mère-sotte*, suppôts des *sotties*. N'est-ce pas la plus malicieuse des antiphrases, la plus adroite et la plus ironique des contre-vérités. Le *cry* qui annonce ce beau mardi gras dramatique de 1511 est fait au nom de la compagnie des *Sotz*, et ne s'adresse qu'aux *sotz* de toutes sortes. Écoutez plutôt :

LA TÉNEUR DU CRY.

Sotz lunatiques, sotz étourdis, sotz sages,
Sotz de ville, sotz de château, de village,
Sotz rassotez, sotz nyais, sotz subtils,
Sotz amoureux, sotz privez, sotz sauvages,
Sotz vieux, nouveaux, et sotz de toutes âges,
Sotz barbares, étranges et gentilz,
Sotz raisonnables, sotz pervers, sotz rétifs,
Vostre prince, sans nulles intervalles,
Le mardy gras jouera ses jeux aux Halles.

Sottes dames et sottes damoiselles,
Sottes vieilles, sottes jeunes et nouvelles,
Toutes sottes aymant le masculin,
Sottes hardies, couardes, laides et belles,
Sottes fresques, sottes douces et rebelles,
Sottes qui veulent avoir leur picotin,
Sottes trottantes sur pavé, sur chemin,
Sottes rouges, maigres, grosses et palles,
Le mardy gras jouera le prince aux Halles

Sotz ivrognes aymant les bons loppins,
Sotz qui ayment jeux, tavernes, esbatz,
Tous sotz jalloux, sotz gardant les patins,
Sotz qui faites aux dames les choux gras,
Advenez y, sots lavez et sotz salles,
Le mardy gras jouera le prince aux Halles

Mère sotte semond toutes ces sottes;
N'y faillez pas y venir, bigottes,
Car en secret faites de bonne chière,
Sottes gaies, délicates mignottes,
Sottes qui êtes aux hommes familières,
Montrez-vous moult douces et cordiales,
Le mardy gras jouera le prince aux Halles.
Fait et donné, buvant à pleins potz,
　　Par le prince des sotz
　　　Et ses suppotz.

Nous ne savons vraiment pourquoi M. Sainte-Beuve disait tout à l'heure que
ce *cry* « est une espèce de prologue en style d'argot. » Il est bien en français
vraiment, et en français le meilleur qui se parlât en ce temps-là, je ne dis pas
au Louvre où notre pauvre langue tendait déjà à se dénaturer en s'italianisant,
mais aux Halles, mais à la place Maubert. Or, n'est-ce pas là que Malherbe
allait prendre leçon de bon et franc langage? M. Sainte-Beuve a donc eu tort
de faire fi de cette pièce et surtout de ne la pas donner. Pour nous, nous nous
serions bien gardé d'un pareil dédain, d'un pareil oubli. S'il est des vers que
nous passions discrètement sous silence, ce ne sont pas ceux-là, ce sont ceux,
au contraire, qui poussent au mépris de nos héros ordinaires, à la haine de
l'ivresse, à la désertion des tavernes. Nous ne citerions pas, par exemple, dans
toute son étendue, certaine ballade d'Estienne Dolet, dans laquelle il s'avise,

l'ingrat! de conseiller la sobriété aux écoliers d'Orléans, et de leur dire :

> Laissez à part vos vineuses tavernes,
> Museaux ardents de rouge enluminés.

Dire aux écoliers d'alors, aux enfants Sans-soucy, d'abandonner la taverne, mais c'en était assez pour être lapidé en pleine place Maubert; aussi Dolet y fut-il brûlé vif. Les pamphlets qui avaient été la cause de sa condamnation et l'avaient conduit au bûcher, étaient, j'en suis sûr, aux yeux des écoliers, une raison de supplice moins grave que la malencontreuse ballade où il déconseille l'ivresse. Ceux des écoliers qui la connaissaient durent le maudire sur son bûcher; le chanoine d'Auxerre, plus rigoureux encore, l'aurait excommunié.

Tout ce que nous vous avons raconté sur les basochiens, ses compères, nous a quelque peu distrait et détourné de ce qui nous restait à dire de ce bon prêtre ; pourtant, nous ne nous en sommes pas éloigné autant que vous pourriez croire ; est-on loin du curé quand on parle des paroissiens? Nous pouvons donc, sans encombre et sans plus de transition, reprendre son histoire. Pour en finir avec lui comme nous avons commencé, c'est de l'origine de son surnom de Roger Bontemps que nous allons vous entretenir encore une fois.

Tout le monde n'est pas d'accord sur l'étymologie que nous vous en avons donnée. Il est beaucoup de gens qui lui cherchent une autre origine dans laquelle notre chanoine auxerrois n'entre pour rien. Pasquier, par exemple, n'est pas de notre avis, ce que nous lui rendons bien en n'admettant pas celui qu'il émet lui-même au chapitre soixante-deuxième du livre VIII de ses *Recherches de la France*. D'abord, il commence par se moquer, avec un dédain spirituel, de ces recherches d'étymologies populaires; « car je vous prie, dit-il, quel profit rapportera-t-on, apprenant dout vient le *Roger Bontemps* et telles autres particularitez, sinon pour faire le moi, ce que quelques auteurs anciens reprenoient en un Junius Codrus, qui, en escrivant les Vies des empereurs de Rome, par une superstition trop grande, particularisoit par le menu mille petites façons de faire qui estoient en eux, lesquels non seulement ne servoient d'aulcune édification, mais au contraire apportoient ennuy à qui les lisoit. « … Se ravisant cependant, il ajoute bientôt : « Je veux donc dire que le *Roger Bontemps* que nous practiquons pour dénoter l'homme de bonne chère, est ainsi dit par abus, au lieu de Rouge Bontemps; parce que ceste couleur au visage de toute personne promet je ne scay quoi de gai et non soucié, comme au contraire la couleur blesme est ordinairement accompagnée d'une humeur fade et mélancholique. » Cette opinion de Pasquier n'est que soutenable, personne toutefois ne l'a partagée, aucun livre ne l'a reproduite. L'abbé Tuet, dans ses *Matines Senonoises*, est de l'avis de l'abbé Lebœuf, et par conséquent du nôtre. Le Duchat, étymologiste un peu hasardeux selon son habitude, suit le même procédé que Pasquier. Il veut que le nom de Roger soit une altération, et c'est le mot *réjoui* qu'il y retrouve travesti. Il est vrai qu'en plusieurs provinces, notamment dans l'Orléanais, on dit encore non pas un *Roger*, mais un *réjoui Bontemps*. Mais ce n'est pas tout, ces dissidences étymologiques ne s'arrêtent pas là. Fleuri de Bellingen, dans son livre si curieux des *illustres proverbes*, cherche à son tour le prototype du viveur proverbial, et ce n'est pas dans la personne de notre chanoine qu'il prétend le retrouver; selon lui, le premier Roger Bontemps fut un seigneur nommé *Roger*, de la famille de *Bontemps*, dans le Vivarais, lequel était un homme sans souci, et grand amateur de la bonne chère. Le dictionnaire de Trévoux reproduit en ces termes l'opinion de Fleuri de Bellingen à propos du nom-proverbe : « Il vient d'un seigneur nommé Roger, de la maison de Bontemps, fort illustre dans le pays de Vivarais, dans laquelle le nom de Roger est toujours affecté et propre à l'aîné, depuis plusieurs siècles ; et parce que le chef de cette maison fut un homme fort estimé par sa valeur, sa belle humeur et sa bonne chère, on tint à gloire, en ce temps-là, de l'imiter en tout, et plusieurs se firent, par honneur, appeler *Roger Bontemps ;* ce qui, par corruption, a été étendu aux fainéants et aux débauchés. » Pour conclure, disons qu'on ne s'en est pas encore tenu là ; une dernière version étymologique, toute différente des précédentes, a été émise notamment par Quitard, qui s'exprime ainsi dans son *Dictionnaire des proverbes* : « On a prétendu que la dénomination de *Roger Bontemps* concernait Pierre Roger, troubadour du XVII* siècle, chanoine d'Arles et de Nîmes, qui abandonna ses bénéfices pour aller de cour en cour, jouer des comédies dont il était auteur ; mais on n'a appuyé cette assertion d'aucune preuve. »

Ainsi, en s'égarant pour la plupart, nos étymologistes ont fouillé toutes les classes de la société, pour trouver l'ancêtre de la race joyeuse des Roger Bontemps ; celui-ci en a fait un chanoine, celui-là un bon gros gentillâtre, cet autre un gai jongleur ; ce qui prouverait au moins une chose ; c'est que parmi tous ces gens de castes si diverses, il y avait assez de gaieté native, assez de bonne humeur, pour qu'on pût hésiter entre eux et ne savoir à laquelle de ces castes rieuses renvoyer l'honneur de la rieuse origine. Il n'y a guère qu'au peuple qu'on n'ait point songé; le pauvre Bonhomme était si misérable et si morose en ces temps-là, qu'on ne pouvait en conscience s'imaginer qu'un type si jovial pût naître et grandir chez lui. Mais depuis, sa gaieté s'est bien émancipée ; de triste et morose qu'il était, il est devenu rieur, gabeur et narquois. Pendant que la verve et le rire du noble, du chanoine et du poëte s'éteignaient peu à peu, sa verve et son rire à lui s'éveillaient et prenaient le dessus ; c'est au point qu'aujourd'hui, remettez en question cette origine douteuse du vieux type, et vous verrez tout le monde s'écrier que ce doit être un enfant du peuple, que le peuple seul a pu, dans un jour d'ivresse, donner un pareil fils à la joie, que le

peuple, enfin, est de droit le vrai père de Roger Bontemps. Béranger n'a pas
pensé autrement. Ayant à chanter notre personnage, il ne s'est inquiété ni du
chanoine d'Auxerre, ni du gentillâtre du Vivarais, ni du troubadour toulou-
sain; pour le trouver tout créé, bien vivant, en pleine joyeuseté, il l'a demandé
au peuple; il l'est allé chercher dans la mansarde; il en a fait un gamin de
Paris; un de ces gueux aimables qui chantent à tout propos le refrain déjà si
célèbre au XVIIe siècle.

Vivent les gueux...

Enfin, un bon buveur de Courtille, un beau chanteur de cabaret :

> Aux gens atrabilaires,
> Pour exemple donné,
> En un temps de misères,
> Roger Bontemps est né.
> Vivre obscur à sa guise,
> Narguer les mécontents,
> Eh, gai ! c'est la devise
> Du gros Roger Bontemps.
>
> Du chapeau de son père
> Coiffé dans les grands jours,
> De roses et de lierre
> Le rajeunir toujours;
> Mettre un manteau de bure,
> Vieil ami de vingt ans;
> Eh, gai ! c'est la parure
> Du gros Roger Bontemps.
>
> Posséder dans sa butte
> Une table, un vieux lit,
> Des cartes, une flûte,
> Un broc que Dieu remplit,
> Un portrait de maîtresse,
> Un coffre et rien dedans,
> Eh, gai ! c'est la richesse
> Du gros Roger Bontemps.
>
> Aux enfants de la ville
> Montrer de petits jeux;
> Être un faiseur habile
> De contes graveleux;
> Ne parler que de danse
> Et d'almanachs chantants,
> Eh, gai ! c'est la science
> Du gros Roger Bontemps.
>
> Faute de vins d'élite,
> Sabler ceux du canton;
> Préférer Marguerite
> Aux dames du grand ton;
> De joie et de tendresse
> Remplir tous ses instants;
> Eh, gai ! c'est la sagesse
> Du gros Roger Bontemps.

> Dire au ciel : Je me fie,
> Mon père, en ta bonté ;
> De ma philosophie
> Pardonne la gaieté ;
> Que ma saison dernière
> Soit encore un printemps ;
> Eh, gai ! c'est la prière
> Du gros Roger Bontemps.
>
> Vous, pauvres pleins d'envie ;
> Vous, riches désireux ;
> Vous, dont le char dévie
> Après un cours heureux ;
> Vous qui perdrez peut-être,
> Des titres éclatants ;
> Eh, gai ! prenez pour maître
> Le gros Roger Bontemps.

Oui, nous le répétons, ce Roger Bontemps de Béranger, né du peuple, grandi chez le peuple, est bien le Roger Bontemps de notre XIXe siècle, mais encore une fois, ce ne peut pas être en même temps celui du XVIe. Les deux époques ne peuvent pas avoir un même représentant de la joie, un même type de l'ivresse; de nos jours, c'est un homme du peuple ; en ce temps-là, ce devait être un chanoine, ou peut-être encore un moine mendiant ; mais ce qui est certain, c'est que, de nécessité, ce devait être un homme d'église. Si vous vous souvenez de ce que nous vous avons dit sur les moines au cabaret dans notre dernier chapitre, et même si vous n'avez en mémoire que les vers cités tout à l'heure de Roger de Collerye et de Laurens Dumoulin, vous ne nous démentirez pas, vous vous trouverez en effet suffisamment édifiés sur les mœurs sacerdotales et monastiques, et sur l'insatiable amour de toutes joyeusetés qui faisaient alors l'essence et le mobile de la vie de l'église et du cloître. Nous ne nous en tiendrons pourtant pas là. Nous savons trop de choses à ce propos pour que nous ne vous fassions pas un peu nos confidents. Nos mains sont pleines de vérités, et nous ne sommes pas de l'humeur timorée de Fontenelle, qui les fermait en pareil cas, nous, nous les ouvrons toutes grandes, au risque de faire crier un peu au scandale.

Selon Marot, il n'y avait bon docteur de l'église qui, pour se bien ouvrir les idées et se bien éclaircir la vue, ne bût quelques larges rasades du meilleur, un verre de vin étant pour ces casuistes la glose la mieux explicative, la plus lumineuse des scholies. Priez, dit-il, dans le *Second colloque d'Erasme* :

> Priez doncques ces beaulx docteurs
> Qu'aux sainctz escriptz ils vous en treuvent
> Quelque passage ; et s'ils ne peuvent,
> Commandez-leur de boire un verre
> De bon vin de Beaulne et d Auxerre ,
> Ils pourront bien faire cela...

Par malheur, il arrivait parfois à nos docteurs que l'abus de la lumineuse
liqueur amenait pour les yeux de l'esprit, comme pour ceux du corps, les ténè-
bres après la clarté. La vue se perdait, mais nos docteurs tenaient bon : ils di-
vaguaient et buvaient à tâtons, voilà tout; les plus sages se tenaient le raison-
nement que Marot rima si bien peut-être encore en souvenir de quelque chanoine, dans cette très-jolie épigramme :

> Le vin qui trop cher m'est vendu
> M'a la force des yeux ravie;
> Pour autant il m'est défendu
> Dont tous les jours m'en croît l'envie.
> Mais, puisque lui seul est ma vie,
> Maugré les fortunes senestres,
> Les yeux ne seront pas les maistres
> Sur tout le corps, car, pour raison,
> J'aime mieux perdre les fenestres,
> Que perdre toute la maison.

Quand nos gens d'Église et de cloître ne s'en-prenaient ainsi qu'à leur santé
et ne satisfaisaient qu'aux dépens de leur corps cette ardeur insatiable qu'ils
avaient pour l'ivrognerie et la bonne chère, ce n'était que demi-mal; c'était
même bénédiction, le péché trouvait ainsi son purgatoire terrestre. Mais c'était
pis quand il fallait que le bien du pauvre en souffrît, quand ces dépenses des
honteuses ripailles étaient faites sur l'argent des aumônes; quand, recourant à
d'indignes mensonges, on déclarait employées en œuvres pies les sommes qui, en
réalité, avaient été gaspillées au cabaret. C'est pourtant ce qui arrivait à journée
faite. Aussi, dans tous les libelles qui parurent au XVIe siècle contre le clergé
et les moines, ne se fait-on pas faute de le dire hautement; on y va jusqu'à
nommer les tavernes où s'assemblaient ces moines gloutons et faisant car-
rousés. On lit, par exemple, au livre Ier, chapitre XXXVI de l'*Introduction au
traité de la conformité des merveilles anciennes avec les modernes* : « Et alors
(Jean Menard) composa un livre appelé Déclaration de la règle et estat des cordeliers, où il descouvre quelque peu le pot aux roses; et entre autres choses escrit
qu'outre ce qu'il falloit pour la pension du couvent de Paris, on demandoit
tant souvent argent pour avoir habillements, livres, papier, encre, pour la
despense faicte en maladies, etc., qu'il en demeuroit assez pour visiter le
Pannier verd, près des Jacopins, et autres tavernes et maisons secrettes. »

Chaque fois que les vieux conteurs ont des moines à mettre en scène hors
de leurs cloîtres, soyez assurés que c'est à la taverne ou dans une hôtellerie
qu'ils vous les feront voir, ici caressant l'hôtesse ou la servante, là mangeant
gloutonnement, et de peur de perdre une bouchée, se gardant bien de parler
autrement que par monosyllabes, à la façon de ce moine dont Bonaventure
Desperriers a fait le héros de sa LXe nouvelle :

« Quelque moine passant par pays arriva dans une hôtellerie sur l'heure de souper. L'hôte le fait asseoir avec les autres, qui avoient déjà bien commencé ; et mon moine, pour les atteindre, se met à bauffrer d'un tel appétit, comme s'il n'eût vu de trois jours pain. Le galant s'étoit mis en pourpoint pour mieux s'en acquitter, ce que voyant, un de ceux qui étoient à table lui demandoit force choses, qui ne lui faisoit pas plaisir ; car il étoit empêché à remplir sa poche. Mais, afin de ne perdre guère de temps, il répondoit tout par monosyllabes rimés ; et crois bien qu'il avoit apprins ce langage de plus longue main, car il y étoit fort habile. Les demandes et les réponses étoient. Un lui demande : « Quel habit portez-vous ? — Froc. — Combien êtes-vous de moines ? — Trop. — Quel pain mangez-vous ? — Bis. — Quel vin buvez-vous ? — Gris. — Quelle chair mangez-vous ? — Bœuf. — Combien avez-vous de novices ? — Neuf. — Que vous semble de ce vin ? — Bon. — Vous n'en buvez pas tel ? — Non. — Et que mangez-vous les vendredis ? — Œufs. — Combien en avez-vous chacun ? — Deux. — » Ainsi cependant, il ne perdoit pas un coup de dent, et il satisfaisoit aux demandes laconiquement. S'il disoit ses matines aussi courtes, c'étoit un bon pilier d'église. »

Nos moines avaient leurs cabarets attitrés, leurs hôtelleries de choix, et il est bien entendu que ces hôtelleries et ces tavernes étaient celles où l'on recevait le mieux, où l'on mangeait grassement, où l'on buvait largement, le tout à bon marché. Il se trouvait des aubergistes assez bons apôtres, des hôtesses assez bonnes dévotes pour faire aux moines tous ces avantages, même à leurs propres dépens. Il est vrai que les bonnes âmes avaient sur les autres pratiques un dédommagement tout prêt. Certaine hôtelière que Bonaventure Desperriers met en scène dans sa CXIX⁰ nouvelle était du nombre de ces dévotes hôtesses si avenantes aux moines, et cela au grand déplaisir de son fils, qui, du reste, sut bien s'en venger, et par une gaillarde *cautelle*.

« Au diocèse d'Anjou, fut une bonne femme vefve, hôtesse, laquelle, par bonne dévotion, avoit accoutumé logé les cordeliers, et les bien traiter selon son pouvoir ; dont un sien fils en fut marri, voyant qu'ils dépendoient beaucoup du bien de sa mère, sans espoir de récompense ; et pour ce délibéra les étranger. » Suit le récit de sa vengeance, pour laquelle un maître *jeune veau*, innocente bête, lui sert trop bien de complice. Comme le conte est grivois et a des parties au moins gaillardes, nous vous laisserons aller le lire au lieu indiqué. Qu'il vous suffise ici de savoir que la *cautelle* réussit au mieux. Le cordelier, que le fils de l'hôtesse voulait faire déguerpir, et que le jeune veau, caché dans sa chambre, assaillit de nuit, et de la plus burlesque manière, poussa les plus beaux cris. « Adonc le pauvre cordelier commença à crier hautement miséricorde, incontinent s'en retourna coucher, implorant la grâce de Dieu, disant les sept psaumes et autres oraisons. » La farce était jouée, la vengeance prise, le jeune garçon n'en vouloit pas davantage. « Le lendemain, devant les quatre heures, le fils retourna aussi secrètement qu'il avoit fait auparavant, et emmena son veau. Quand les pauvres cordeliers furent levés, ils annoncèrent à l'hôtesse de céans ce qu'ils avoient ouï la nuit, et lui donnoient à entendre que c'étoit un trépassé qui faisoit céans sa pénitence; et ainsi décrièrent tant cette hôtellerie en le racontant à tous les frères qu'ils rencontroient, qu'oncques puis n'y logea cordelier n'y autre moine. »

Cette peur qui a pris les bons moines, cette frayeur des trépassés et des revenants écartait beaucoup de gens des hôtelleries; car la superstition que nous avons trouvée en Allemagne existait aussi dans toutes les provinces de France, de même qu'au delà du Rhin on y croyait aux sortiléges des aubergistes, et au retour nocturne des esprits dans leurs bouges; les âmes, se disait-on en cela, revenant de préférence au lieu où le corps avait été frappé : or, comme vous le savez et comme nous nous réservons de vous le faire voir encore, les meurtres étaient toujours fréquents dans les auberges.

Afin d'écarter ces idées sinistres et de mettre leur gîte à l'abri des maléfices et des piéges du diable, les hôteliers y multipliaient sur les murs des figures pieuses, des images de sainteté. On n'y voyait pas seulement alors, comme au XVIIe siècle, de ces tableaux des quatre saisons, grossièrement enluminés, qui inspirèrent à madame de Sévigné sa charmante et spirituelle phrase sur « les printemps d'hôtellerie; » ni les douze mois de l'année, « l'un semant, dit Monteil, l'autre moissonnant; l'un taillant la vigne, l'autre vendangeant; l'un tuant un cochon, l'autre s'asseyant devant une bonne table. » L'hôtelier, voulant plutôt sanctifier qu'orner son logis, ne s'accommodait pas seulement « de ces femmes en peinture dont il est parlé dans les *Dames galantes* de Brantôme, que l'on porte de Flandres et que l'on met au devant des cheminées d'hostelleries et cabarets avecques des flûtes d'Allemant au bec. » Il lui fallait aussi, à cet hôte dévôt, des *crucifiements*, des *images de la passion*, des figures de martyrs, etc.; enfin, toute une série de beaux cadres comme ceux que Monteil fait acheter par son aubergiste de Pithiviers. « Dans les salles, lui fait-il dire, je mis grand nombre de formes, d'escabelles; et ce que les voyageurs aiment encore mieux, des images pour attendre plus patiemment les heures des repas. Je les fis venir de Tours, je les fis placer sur velours, dans de beaux cadres; et comme je ne suis rien moins que jaloux de ma science d'hôtelier, et que je ne crains rien moins que de la faire connaître, je dirai qu'une bonne hôtellerie ne peut se passer d'une arche de Noé avec tous les différents animaux qui, à travers les ouvertures, passent leurs têtes, qui chantent, qui crient ou qui bêlent; d'une tour de Babel avec ses canonnières et ses canons; des principaux patriarches avec l'habit bourgeois de la Champagne et le chapelet au bras; d'un crucifiement avec un bon larron dont l'âme est reçue par un ange, et un mauvais larron dont l'âme est fouettée par un diable, etc... »

Encore n'était-ce pas assez de ces images saintes ; l'hôte ne croyait pas de cette façon sa maison suffisamment sanctifiée et recommandable aux âmes dévotes. Il donnait à chacune de ses chambres ainsi pieusement décorées le nom d'un saint ou d'une sainte : singulier système de numérotage dont le martyrologe faisait les frais, et qu'indique assez justement comme étant une parodie sacrilége, ce bon Artus Désiré. Il est le seul qui nous ait transmis ce détail, et voici comment il en parle dans un couplet de son rarissime petit poëme, la *Loyauté consciencieuse des taverniers*, auquel nous aurons à faire tant et de si utiles emprunts :

> Semblablement toutes leurs chambres painctes,
> Ou il n'y a qu'ordure et ivrongnise,
> Portent les noms des benoistz sainctz et sainctes:
> Contre l'honneur de Dieu et son église,
> L'une s'appelle à leur mode et devise
> Le Paradis, et l'autre Saint-Clément ;
> Et quand quelqu'un rabaste fermement,
> L'hostesse crie, André, Guillot, Mornable,
> Laisse-moy tout, et va legerement
> En Paradis compter de par le diable
>   Son si veut chauffer
>   Portent le fagot,
>   Robin ou Margot,
>   De par Lucifer.

Les hôteliers et les cabaretiers avaient beau faire avec toutes leurs momeries, elles n'empêchaient pas que pour le commun elles ne passassent pour lieux de sorcelleries hantés par tous les démons qui venaient apprendre sur terre leur métier de mauvais diables. Les uns, disait-on, diablotins ou diablotines, se faisaient valéts ou chambrièrés, comme il est écrit au livre Iᵉʳ, p. 4, du livre *De l'imposture du diable;* les autres, plus délurés, s'établissaient hardiment taverniers, en ayant soin, bien entendu, de n'arborer leur enseigne que dans quelque lieu bien sombre, au coin de quelque bois bien ténébreux, rappelant ainsi l'enfer par ses terreurs et par son ombre. Les voleurs, dignes pratiques, venaient seuls dans ces bouges, et le diable tavernier happait de première main les âmes des malheureux qu'ils y tuaient chaque nuit ; ou bien, c'étaient encore des soldats pillards, matois, plus matois que le diable, et capables de le faire endiabler lui-même. Guillaume Bouchet nous conte à ce propos une très-amusante histoire dans la *quinzième série* de son second livre :

« ...Je vous feray certain, dit-il, de ce que j'ay leu en un livret, pourquoy c'est que les picoreurs et gens de guerre s'amusent tant à remuer mesnage, et bouleverser coffres, sacs et bahuts, cercher de tous costez ; mesme creuser la terre et mettre le nez partout. Or il est escrit en ce livret, qu'une compagnie de soldats estant en un bourg, ne laissoient coing ne cornière sans cercher, visiter et creuser ; parquoy on leur demanda dont cela venoit que les gens d'armes souloient espier et fureter tous les lieux où ils estoient les maistres et les plus forts. Un soldat balafré leur en donna une bonne raison, leur disant : « —Qu'un petit diable fut une fois envoyé d'enfer pour voir le monde et pour se déniaiser parmy les hommes ; et que ce petit diable s'estant mis tavernier près d'un bois, cinq ou six soldats vindrent en son logis, qui mangèrent à un repas toute la provision de la sepmaine, demandans toujours viandes de renfort. Le diabloton, qui estoit du nombre de ceux que les bonnes gens de village disent ne scavoir que faire gresler le persil, leur dit qu'ils avoient tout mangé, et qu'ils devoient estre saouls de ce qui eust pu contenter dix fois autant d'hommes qu'ils estoient. — Comment, ventre! teste! dirent les soldats, penses-tu que si le diable estoit cuit, nous ne le mangeassions tout maintenant? » Le farfadet, tout espouvanté, s'enfuit d'où il estoit venu, et dist à ses compagnons ce qu'il avoit veu et ouy, qui arresterent de ne plus recevoir de là en après soldat en enfer. De manière que le mesme jour y estans descendus quelques tout droit, la porte leur fut fermée, et lettres authentiques données que doresnavant nuls soldats ne seroient reçeus en enfer, lesquelles lettres ils cerchent partout, et il n'y a coing ne cornière qu'ils ne visitent, pensans trouver leur lettre d'exemption, qu'ils ne peuvent recouvrer. Et cependant grippent tout ce qu'ils trouvent, et s'accommodent de tout ce qui leur est utile et nécessaire, faschez de la perte de telle lettre et privilége. Voilà par une raison, demanda celui qui faisoit le conte, digne de son autheur, qui devoit estre quelque bon goulu, qui parloit ainsi à l'advantage des soldats, desquels seroit l'enfer dès longtemps plein, s'il estoit ainsy qu'il se peut remplir? »

Cette histoire de démon nous ramène facilement aux moines, qui, à l'occasion, en eussent bien agi avec le diable comme avaient fait nos soudards ; plus fins même et mieux avisés, peut-être l'eussent-ils pris à leur service, trouvant qu'office de diable n'est pas déplacé dans un cloître, et peut même y être nécessaire, ne fût-ce que pour ouvrir la porte aux vices, qui ne demandaient qu'à entrer en tels lieux. C'est ce que pensa certain prieur qui prit aux gages de son couvent je ne sais quel malin esprit qui s'était fait l'hôte de je ne sais quelle chambre d'auberge. Vous allez voir que ce diable devenu moine ne fut pas moins misérable que celui qui s'était fait cabaretier. C'est Martin Luther qui racontait l'histoire, et comme elle est amusante, on l'a placée parmi ses *Propos de table :*

« Le prieur d'un monastère se mit en voyage avec un autre frère, et quand ils furent arrivés à une auberge, l'hôte leur dit qu'ils étaient les bienvenus et qu'ils lui porteraient bonheur, car il avait dans une chambre un malin esprit que personne ne pouvait chasser, et ceux qui logeaient là étaient battus et tourmentés de toutes les façons. Et il ajouta qu'il ferait placer pour les respectables pères un bon lit dans cette chambre, car le diable n'aurait aucune prise sur d'aussi saints personnages. La nuit, lorsqu'ils se furent couchés et qu'ils voulaient dormir, l'esprit commença à faire du bruit et à les tourmenter ; les moines se dirent alors l'un à l'autre : « Mon frère, demeure en repos et laisse-moi dormir. » Le diable revint une seconde fois, et il prit le prieur par le cou, et celui-ci s'écria : « Retire-toi, au nom du Père et du Fils et du Saint-Esprit, et reviens nous trouver dans le couvent. » Et, après qu'il eut ainsi parlé, ils restèrent en repos, et ils s'endormirent. Lorsqu'ils revinrent dans le couvent, le diable était assis sur le seuil de la porte, et il se mit à crier : « Sois le bienvenu, père prieur. » Ils ne furent point troublés, car ils voyaient qu'il était en leur puissance et en leurs mains, et ils lui demandèrent ce qu'il voulait. Il répondit qu'il désirait les servir dans le couvent, et il demanda qu'on lui indiquât un endroit où ils pourraient le trouver lorsqu'ils auraient besoin de son service. Et ils lui assignèrent un coin de la cuisine ; et, afin qu'on pût le reconnaître, ils lui donnèrent un froc auquel ils attachèrent une petite clochette, comme un signe auquel on le distinguât. Ensuite, ils l'appelèrent pour qu'il leur apportât de la bière. Alors, ils l'entendirent courir et dire : « Donnez-moi de la bonne bière, et je vous apporterai de bons écus. » Il fut connu dans la ville entière. Lorsqu'il allait chez un débitant et qu'on ne lui donnait pas la quantité convenable, il disait : « Donnez-moi pleine mesure et bonne bière, je vous ai donné de bon argent. » Ces papistes pensaient qu'il y avait de bons esprits qui pouvaient obtenir le salut, et qui servaient les hommes ; c'est ainsi que les païens envisageaient leurs dieux lares, ignorant qu'ils n'adoraient que des démons. Un cuisinier du couvent se plut à tourmenter cet esprit en jetant des plats et des débris dans le coin où il était, et ayant continué, quoiqué averti plusieurs fois de cesser, l'esprit le blessa en faisant tomber sur lui une poutre de la cuisine ; alors, le prieur le força de partir. »

Pour en finir avec ces histoires de diables au cabaret, que nous n'avons pu épuiser dans notre dernier chapitre, et qui sont la partie légendaire, la mythologie de notre livre, nous allons vous en donner une dernière, toujours d'après le récit qu'en faisait Martin Luther, mais revue et dramatisée par la plume humoristique de Henri Heine. Il commence par nous édifier sur cette croyance au diable qui possédait la forte intelligence de Luther, et qui est cause de sa presque continuelle intervention dans les *Propos de table* du grand réformateur :

« Au temps de la réformation, dit Henri Heine, le souvenir des légendes catholiques s'effaça rapidement, mais nullement la croyance aux enchantements et aux sorciers. Luther ne croit plus aux miracles du catholicisme ; mais il croit encore à la puissance du diable. Ses *Propos de table* sont pleins d'histoires anciennes et curieuses où il est question des tours que fait Satan, des kobolds et des sorcières. Lui-même souvent il crut lutter avec le diable en personne. A la Wartbourg, où il traduisit le Nouveau Testament, il fut si fortement troublé par le diable, qu'il lui jeta son écritoire à la tête. Depuis ce temps, le diable a une grande horreur de l'encre, mais peut-être plus encore du noir d'imprimerie. Dans ses *Propos de table*, il est bien souvent question de la finesse et de l'astuce du diable, et je ne puis me dispenser de vous citer encore une histoire :

« Le docteur Martin Luther conte qu'un jour quelques bons compagnons étaient assis et devisaient dans un cabaret. Il y avait parmi eux un garçon impatient, emporté et sauvage, qui s'était mis à dire que si quelqu'un voulait lui donner une bonne pinte de vin, il lui vendrait son âme.

» Peu de moments après, un homme entra dans la chambre, s'assit près de lui, but avec lui et lui dit :

» — Écoute, tu as dit tout à l'heure que si quelqu'un voulait te donner une bonne pinte de vin, tu lui vendrais ton âme.

» Celui-ci répéta encore : — Oui, je le veux bien ; aujourd'hui buvons, faisons des folies et soyons de bonne humeur.

» L'homme, qui était le diable, dit oui, et bientôt après il disparut. Lorsque le même buveur eut passé joyeusement toute la journée, il se trouva ivre ; le même homme, le diable, revint, s'assit près de lui, et dit aux autres compagnons de débauche :

» — Mes chers sires, quand quelqu'un achète un cheval, la selle et la bride ne lui appartiennent-elles pas aussi ? Que vous en semble ?

» Tous eurent une grande frayeur. Mais finalement l'homme leur dit :

» — Allez, parlez nettement.

» Ils en convinrent et répondirent : — Oui, la selle et la bride lui appartiennent aussi. Alors le diable s'empara de ce garçon emporté, l'enleva par le toit, et personne ne sut jamais où il était allé. »

Henri Heine conclut ainsi :

« Bien que je porte le plus grand respect à notre grand maître Martin Luther, il me semble qu'il a complétement méconnu le caractère du diable. Celui-ci ne parla jamais du corps avec autant de mépris qu'il le fait en cette circonstance. Quelque mal qu'on ait dit du diable jusqu'ici, on ne l'a pas encore accusé d'être spiritualiste. »

Était-ce pour dégoûter de l'hôtellerie et de la taverne les Allemands poltrons, que Luther les donnait presque toujours pour scènes à ses contes diaboliques ? Nous ne le pensons pas. Le moyen, d'ailleurs, eût été assez peu efficace ; les Allemands étaient peureux, c'est vrai, mais ils étaient encore plus ivrognes : ils avaient moins de peur pour le diable qu'ils n'avaient d'amour pour le vin. Quand Luther voulait détourner les Allemands de l'ivrognerie, il procédait autrement ; il savait alors leur faire des contes qui les prenaient non par la peur, mais par la nausée, moyen bien plus infaillible, quoique le buveur de ce temps-là fût de nature assez inaccessible au dégoût. Par exemple, pour leur donner une juste défiance des vins d'exportation et des ingrédients de toutes sortes qu'ils peuvent contenir, il leur racontait « qu'un juif opulent étant mort, avait ordonné que son corps fût porté à Ratisbonne; mais comme le cadavre d'un juif ne pouvait voyager sans s'exposer à payer des taxes considérables, les autres juifs déposèrent en secret le cadavre dans un tonneau plein de vin. Les voituriers, ignorant cette circonstance, burent souvent furtivement, durant la route, de ce vin où séjournait le cadavre du juif. Ils furent bien attrapés. »

Souvent il avait des paroles plus graves, et combattait par les raisonnements de la plus sévère morale le vice des ivrognes. Un jour on lui demanda : « Un délit commis dans un moment d'ivresse est-il excusable? » Il répondit par ces paroles d'un sens profond dont nos hommes de police et nos juges pourraient encore faire leur profit : « Nullement; au contraire, l'ivresse aggrave la faute. Les péchés cachés se manifestent durant l'ivresse, comme dit le proverbe : « Ce qui est dans le cœur de l'homme sobre est dans la bouche » de l'ivrogne. » Aussi, les hommes astucieux observent-ils ce que dit un homme ivre. Parlait-on des bons vins et se mettait-on devant lui à décrire et à détailler leurs qualités, lui aussitôt prenait la parole pour énumérer les maladies dont ils sont la source amère : « Nous abusons de la boisson, disait-il, et nos excès sont à notre détriment; ils nous causent diverses maladies, la pierre, la goutte. Ceux qui font usage du vin sont le plus souvent goutteux ; la bière produit l'hydropisie. »

Quelquefois il allait jusqu'à monter en chaire pour mieux tonner contre les ivrognes, et pour mieux recommander aux juges la répression de leurs désordres et de leurs orgies bruyantes dans les cabarets :

« L'an 1534, le jour de Saint-Jean-Baptiste, le docteur Luther prononça une exhortation très-vive contre les buveurs qui faisaient tapage dans les tavernes, en dépit des préceptes de Dieu et des ordonnances de l'électeur, et qui donnent scandale aux étrangers. Il rappela aux magistrats qu'il était de leur devoir de punir de semblables désordres, de peur que la punition de Dieu ou de l'électeur ne vînt les frapper eux-mêmes. Pareils scandales ne doivent pas être tolérés dans la ville, à cause de l'Évangile. »

En 1539, il fait sermon pareil, dans lequel il n'est pas avare de citer de bons exemples.

« Le 19 mai 1539, jour du dimanche *Exaudi*, lisons-nous toujours dans ce curieux livre de ses *Propos de table*, le docteur Luther prononça un sermon très-véhément sur un texte des épîtres de saint Paul contre l'habitude brutale de l'ivresse à laquelle s'adonnent les Allemands, se rendant la fable de toutes les nations, se privant des biens corporels, de l'honneur et de la santé, et se fermant le ciel. C'est un vice qui mérite l'excommunication et qu'il faut combattre de toutes les manières ; autrement, les femmes et les enfants au berceau s'enivreront, et, au jour du jugement, le monde se trouvera rempli d'ivrognes. Il parla de la sobriété des Turcs, qui vivaient bien plus frugalement et qui faisaient usage d'une boisson qu'ils appellent *maslack*, faite avec des herbes et du miel. Et ils avaient trois sortes de boissons différentes : la première, pour l'usage de tous les jours ; la seconde, lorsqu'ils voulaient aller à la guerre ; la troisième, quand ils voulaient approcher d'une femme, comme la bière de Torgau. »

Ailleurs, il s'en prend aux jeunes qui, par le luxe de leurs habillements et leur goût pour les boissons, ne cessent de ruiner l'Allemagne :

« Si l'Allemagne, dit-il, n'avait besoin de tant de soieries et d'épiceries, elle serait certes bien plus riche. Nous pourrions bien renoncer à l'orge et boire de l'eau au lieu de bière ; mais si les jeunes gens n'ont pas de bière, il leur semble qu'ils ne peuvent avoir aucune satisfaction. »

Mais il y a deux hommes dans Luther, le moraliste et le buveur : souvent, quand le moraliste a parlé, le buveur a soif ; et alors surviennent de singulières contradictions. Il se trouve que notre docteur est tout aussi bon ivrogne que ceux qu'il sermonnait si fort ; tout aussi fin gourmet que ces gais convives auxquels il montrait tant de maladies cachées au fond de leur hanap. Personne ne pleure mieux que lui sur le froid climat de l'Allemagne, patrie des tristes vendanges ; personne n'a plus de haines pour les vins frelatés, et plus d'invectives contre ceux qui commettent pareil sacrilége.

« Nous autres Allemands, dit-il par exemple, nous sommes bien malheureux, car nous ne pouvons avoir aucune boisson bonne et franche. Les vins, qui nous viennent du Rhin ou d'ailleurs, sont fraudés par les conducteurs. Aussi les Italiens se moquent de nous et disent que celui qui boit de nos vins devient hydropique. Voici ce qui m'est arrivé : Un prince très-honorable m'envoya un tonneau rempli d'excellent vin du Rhin, et les conducteurs burent une portion de ce vin et substituèrent de l'eau à sa place. »

Luther avait été moine, il fallait bien qu'il se souvînt un peu de son ancien métier ; il était Allemand, il fallait bien qu'il fût un peu de son pays. Il faut hurler avec les loups, il faut boire avec les Allemands. Luther se donnait d'instinct et par complexion naturelle ce conseil d'ivrognerie raisonnée dont Balzac fit le texte d'une longue lettre à je ne sais quel officier français, prisonnier au delà du Rhin :

« Pour les Brindes d'Allemagne, dit-il, dont vous me parlez avec douleur, de la même sorte que des coups de bâton de Turquie, il me semble qu'en cela votre sobriété est un peu délicate. Il faut apprendre à hurler avec les loups, comme disent ceux qui parlent proverbe ; et sans vous alléguer les grands capitaines, ne savez-vous pas que les sages ambassadeurs se sont enivrés autrefois pour le bien des affaires de leur roi, et ont sacrifié toute leur prudence et leur gravité à la nécessité des grands et à la coutume des pays où ils étaient? Je ne vous conseille pas la débauche défendue; mais je ne pense pas qu'il y ait du mal de noyer quelquefois vos ennuis dans le vin du Rhin, et de vous servir de cet agréable moyen d'accourcir le temps dont la longueur dure extrêmement aux prisonniers. »

Tous ces raisonnements un peu avinés de la lettre de Balzac, le solennel ivrogne, Luther, nous le répétons, les eût énergiquement combattus du haut de la chaire, mais comme à part lui, il leur eût donné raison! Comme il se les fût bien adressés à lui-même, alors qu'il était seul, méditant et buvant, méditant pour mieux boire, buvant pour mieux méditer, ou bien alors qu'attablé au cabaret avec son meilleur ami, le doux Mélanchton, ils mettaient entre eux, pour aiguillon de l'entretien, un broc bien fourbi plein d'excellente bière de Torgau, mousseuse et écumante aux bords! On connaissait ses goûts et on les flattait. Après son grand discours du 17 avril 1521, dans la grande salle de la diète, à Worms, le duc de Brunswick ne crut pouvoir mieux le dédommager de sa fatigue et le récompenser de son éloquence qu'en lui envoyant quelques cruchons de bière.

« Notre chère maître, dit Henri Heine, était debout près d'une fenêtre, exposé à un courant d'air très vif, tandis que la sueur découlait le long de son front. Son long discours l'avait sans doute beaucoup fatigué, et il paraît que son gosier était devenu très sec. — Cet homme doit avoir sans doute grand'soif, — pensa le duc de Brunswick; du moins, nous lisons qu'il lui envoya à son auberge trois cruchons de la meilleure bière de Eimbeck. Je n'oublierai jamais cette noble action, qui fait tant d'honneur à la maison de Brunswick. »

Quand Carlostadt, disciple apostat de Luther, et chef nouveau des sacramentaires, vint jeter à la face de son ancien maître ce défi fameux qui fut le prélude d'une si grande querelle, qui mit le schisme dans le schisme, l'hérésie dans l'hérésie, c'est au cabaret qu'il vint le trouver, c'est à la taverne que fut lancé le grand cartel scolastique. Bossuet, au chapitre III du livre II de son *Histoire des variations*, nous a décrit cette scène étrange avec sa plume énergique et magistrale:

« A Orlemonde, dit-il, au sortir du sermon de Luther, il (*Carlostadt*) vint le trouver à l'*Ourse noire*, où il logeoit..... Carlostadt déclare à Luther qu'il ne peut souffrir son opinion de la présence réelle. Luther, avec un air dédaigneux, le défia d'écrire contre lui, et lui offrit un florin d'or s'il l'entreprenoit. Il tire le florin de sa poche, Carlostadt le met dans la sienne..... Ils se promettent de faire bonne guerre. Luther but à la santé de Carlostadt et du bel ouvrage qu'il alloit mettre au jour. Carlostadt fit raison, et avala le verre plein. Ainsi,

la guerre fut déclarée à la mode du pays. L'adieu des combattants fut mémorable :

» — Puissé-je te voir sous la roue, dit Carlostadt à Luther.

» — Et toi, puisses-tu te rompre le cou avant de sortir de la ville. »

N'est-ce pas étrange de voir de pareilles scènes, de pareilles luttes dont les plus vénérables dogmes de la religion sont l'objet, prendre des tavernes pour théâtre et pour lice? Il en fut pourtant ainsi pour la plupart des luttes braillardes et sanglantes des deux grandes révolutions religieuses, le luthéranisme et le calvinisme. On y parla moins du haut d'une chaire que du haut d'un banc de cabaret. Calvin, qui en cela fut mieux prédestiné que Luther, naquit tout préparé pour ces querelles trempées de vin et de sang, dans la grasse hôtellerie des *Quatre nations*, à Noyon. Le fils d'un hôtelier devait être porté d'élan contre une religion qui, comme le catholicisme romain, ordonnait des jours maigres; et d'élan aussi vers l'hérésie, qu'il rêva plus tard, laquelle, biffant du calendrier les jeûnes et le carême, proclamait la souveraineté universelle et quotidienne du gras. Qu'on n'aille pas croire que nous nous moquons : cette question du maigre et du gras fut pour beaucoup dans ces grandes querelles. Combien de gens en firent la question unique, le point important! combien prirent conseil de leur ventre en cette grave affaire de conscience, et se décidèrent d'après les raisonnements de leur appétit! Les sceptiques furent ceux qui se dirent comme Érasme : « J'ai l'esprit catholique et l'estomac luthérien, » et qui se firent à l'avenant une croyance mi-partie, n'étant ni chair ni poisson.

La première protestation contre le catholicisme fut une protestation du ventre plutôt qu'une protestation de conscience. Par quoi commence-t-on, en effet? Par l'inobservance du vendredi, des vigiles et du carême. Le premier manifeste huguenot à Paris fut quelque bonne oie bien grasse, achetée chez le meilleur rôtisseur de la rue aux Oues et mangée sournoisement un vendredi de carême. Ces sortes de complots à la fourchette se tramaient surtout et se consommaient dans le faubourg Saint-Germain, aux environs de la rue de Seine, dans cette petite rue des Marais où devait venir mourir le dévot Racine, et qui alors était un repaire de huguenots, le foyer le mieux attisé du calvinisme. Quand d'Aubigné en parle, voici ce qu'il en dit, comme au chapitre XIII du livre III de son *Baron de Fœneste* : « ... La *rue des Marais*, que nous autres appelons le petit Genève. »

Il y avait toujours dans le complot quelque cabaretier, digne confrère du père de Calvin. C'était lui qui dressait la table et qui assaisonnait le repas hérétique. La réforme religieuse, comme de nos jours la réforme politique, avait eu ses banquets facétieux. Le capitaine Frisquet mena Fœneste et Monrond dans l'une de ces tavernes huguenotes : on le voit par le passage dont nous venons de citer deux lignes ; et la première rafle de calvinistes opérée par la

police royale sous François I, se fit aussi en lieu pareil. On y prit, chez un nommé Visconte, quinze ou vingt pauvres diables de huguenots en flagrant délit de viande mangée un vendredi, et vous allez voir ce qui leur en coûta, d'après le récit que Regnier de la Planche a fait de cette prise, dans son *Histoire de l'Estat de France*, etc., sous la date de 1559 :

« Et d'autant qu'il y avoit plusieurs captures à faire; outre ce que les juges du Chastelet et les commissaires départirent tous les sergents par bandes et cantons, il fut aussi mandé de la cour aux maistres du guet et aux archers de la ville de leur assister, fust de jour et de nuict; lesquels, avec tous les bedaulx des juridictions ecclésiastiques et subalternes, faisoient assez bon nombre.

» Du commencement, afin de n'effaroucher personne, ils firent semblant de recercher quelques voleurs et larrons, et furent quelques jours rôdans çà et là, sans toutefois entrer en aucune maison suspecte de la religion, ny mesmo approcher du faubourg Saint-Germain des Prés, qui estoit sur tous autres recommandé, pour ce qu'on l'estimoit une *petite Genève*, comme ils en parloient entre eux.

» Ceux de la religion s'estant ainsi rasseurez, tout en un coup ce faubourg fut assailli, et commença l'on en la *rue des Maretz*, prés le Pré aux Clercs, chez un nommé Le Visconte, qui retiroit coutumiérement les allans et venans de la religion, et principalement ceux qui venoyent de Genève et d'Allemagne, en la maison duquel aussi se faisoient souvent de grandes assemblées. Et, afin de le surprendre mangeant de la chair aux jours défendus, comme il en avoit la réputation, ils dressèrent leurs embuscades par un jour de vendredy, chez les accusateurs, et nommément chez un clerc du greffe criminel nommé Freté, caut et rusé en ces matières, s'il en fut oncques. Aussi, estoit-il dressé de la main du feu président Lizet, en sorte que, quand on ne pouvoit tirer témoignage et confession suffisante des accusés de ce crime, on mettoit ce fin Freté aux cachots avec eux, lequel savoit si bien contrefaire l'évangéliste que le plus subtil et advisé tomboit en ses filets, et par ce moyen, on en avait fait mourir beaucoup.

» Freté donc, alléché de la despouille de ses voisins, pour les avoir de longtemps remarquez, retira chez soy quarante ou cinquante sergents en sa part, qui y estoient entrez à la file. Et sur les onze heures, estant arrivé Thomas Bragelonne, surnommé Le Camus, conseiller au Chastelet (je le nomme ainsi à la différence de son frère, lieutenant particulier), avec deux ou trois commissaires des plus envenimés contre ceste doctrine, la maison de Visconte fut incontinent environnée et rudement assaillie. Mais combien que de quinze ou seize personnes qui estoyent à table, il n'y en eust que quatre qui fissent teste (car les autres se sauvèrent par-dessus les murailles et à travers champs), si firent-ils une telle résistance, se croyant assaillis par brigands et voleurs, que tous ces sergents furent mis en route, et les plus hardiz si vivement blessez qu'on pensoit qu'il en deust mourir une douzaine pour le moins ; ce qui leur vint contre espérance, car ils faisoyent leur compte de prendre, piller et emprisonner, et non d'estre battus.

» En ce conflit, Bragelonne et ses commissaires furent en grand danger d'estre tuez, et n'eust été ce Visconte, c'estoit fait d'eux. Le malheur tomba sur les blessez, qui n'eurent part au butin, ains ouvrirent seulement le passage à leurs compagnons qui leur vindrent sur le soir pour renfort.

» Cependant, les combattants (du nombre desquels estoient deux frères, gentilshommes d'Anjou, appelez Soucelles) eurent loisir de se sauver, et les autres de la religion, des maisons prochaines, eurent aussi le temps de se retirer, quittant leurs maisons à la merci des juges et sergents qui y trouvèrent richesses d'or et d'argent monnoyé, principalement chez ce Visconte, où ces hostes avoyent laissé leur argent en garde.

» Et par ainsy furent menez prisonniers la femme d'iceluy, ses petits enfants et son père, homme vieilli et caduc ; emportant devant eux, comme en triomphe, un chapon lardé et de la chair crue qui estoit au garde-manger ; car, de cuite, il ne s'en trouva point. Cela estoit pour les rendre davantage odieux au peuple. Aussi receurent le père et la belle-fille tels maltraitements, qu'ils moururent en prison, en grande pauvreté et langueur. »

On ne s'en tint pas là ; la maison, ou plutôt, pour l'appeler de son vrai nom, l'*hôtel garni* du pauvre Visconte fut minutieusement fouillée, ses livres de comptes compulsés ; et, pour achever de le ruiner, on finit par mettre garnison chez lui du grenier à la cave.

« Ayant, continue La Planche, Bragelonne et ses commissaires trouvé au journal du Visconte que certains deniers qu'ils avoyent prins, appartenoyent aux gentilshommes du roy de Navarre et autres gens de nom, ils se persuadèrent que ceux-là ne laisseroient perdre leur bien légèrement, et qu'ayant osé le défendre en plein jour, ils pourroient retourner la nuict, et leur donner une charge plus aspre. Pourquoy ne voulant quitter ce butin, ils firent venir à leur secours plus de quatre ou cinq cents hommes de pied et de cheval, tous armez à blanc, qui firent le guet quatre ou cinq jours et nuicts, pendant qu'on vuidoit la maison des absents, et les fist-on tant boire de ces *vins de provisions* de Visconte, qu'ils se battoient entre eux-mesmes, en sorte qu'il y en eut un tué d'un coup de pistolet. »

Et il en était ainsi par toute la ville, dans tous les cabarets ; perquisitions, saisies, garnison, et cela, toujours pour cette grave question du gras et du maigre.

« Ces juges et pillards tout ensemble, ne sentant plus de résistance, estendirent leurs poursuites par tous les endroits de la ville, là où pareillement les suspects avoyent abandonné leurs maisons. Mais leurs meubles furent si bien remués par ces officiers de justice que c'estoit à qui se reprocheroit d'avoir chacun jour mieux butiné, comme à vray dire les coins des rues estoient tellement farcis de meubles à vendre, que, durant les fuites de Paris pour crainte de la guerre, ni en autre temps, ils ne furent oncques à tel marché.

» Bref, on ne pouvoit aller par Paris sans passer à travers gens de pied et de cheval armez à blanc, qui tracassoyent çà et là, menant prisonniers hommes et femmes, petits enfants et gens de toutes qualitez. Les rues aussi estoyent si pleines de charrettes chargées de meubles qu'on ne pouvoit passer, les maisons estant abandonnées comme au pillage et saccagement, en sorte qu'on eust pensé estre en une ville prise par droit de guerre, si que les pauvres devenoient riches et les riches pauvres. Car avec les sergents altérez se mesloyent un tas de garnementz qui ravageoient le reste des sergents, comme glaneurs.

» Mais ce qui estoyt le plus à déplorer, c'estoit de voir les pauvres petits enfants qui demeuroyent sur le carreau, crians à la faim avec gémissements incroyables, et alloyent par les rues mendiants, sans qu'aucun osast les retirer, sinon qu'il voulust tomber au mesme danger ; aussi en faisait-on moins de compte que de chiens, tant ceste doctrine estoit odieuse aux Parisiens, pour lesquels davantage aigris et acharnez, il y avoit gens par tous les coins des rues (je ne sais de qui envoyez et ressemblans à pauvres prestres ou *moynes crottez*), qui disoyent à ce pauvre peuple crédule que ces hérétiques s'assembloyent pour manger les petits enfants, et pour paillarder de nuict à chandelles éteintes, après avoir mangé le cochon au lieu de l'agneau paschal, et commis ensemble une infinité d'incestes et ordures infâmes : ce qui estoit receu comme oracle. Bref, ce spectacle dura longtemps, en sorte que ces maniéres de gens avoyent fait comme une habitude ordinaire d'aller de jour et de nuict saccager maisons au sceu du parlement, lequel cependant fermoit les yeux. »

Et tout cela, encore une fois, pour un peu de viande mangée un jour indu dans un cabaret, entre amis qui voulaient plutôt sans doute faire ripaille que sédition, et à qui l'hérésie importait moins que la bonne chére.

Nous avons ici retrouvé nos moines mendiants et prédicants, nos *moynes crottez*, ainsi que La Planche les désigne. C'était naturel. Partout où il y a quelques désordres en matiére de religion, on les rencontre, tantôt les excitant, tantôt s'acharnant à les réprimer. Aujourd'hui, c'est à la répression qu'ils poussent, c'est le feu des persécutions qu'ils attisent, ce sont des victimes que leur faux zèle cherche partout, même dans les cabarets. Au temps où Luther les prit enfin à parti, il n'en était pas ainsi. Ce n'était point comme persécuteurs qu'on les voyait s'installer et prêcher dans ces mêmes tavernes. En ce temps-là, moins religieux que marchands, ils y venaient faire argent des choses saintes ; la grande vente des indulgences avait été décrétée par le pape Léon X. Le cardinal Pucci, premier ministre de ces bénédictions fiscales, ayant pris une carte d'Europe, l'avait divisée par départements, avait calculé, d'après la richesse d'un pays, ce qui devait lui revenir des bonnes grâces du ciel et du saint-siége ; enfin, selon l'expression si spirituelle de l'abbé Banier dans son *Histoire générale des coutumes religieuses*, il avait disposé toutes choses pour mettre en *fermage le salut de tous les chrétiens.*

Un vigoureux dominicain, Jean Tetzès, celui dont la voix était la mieux vibrante et stentorée, s'était chargé de l'affaire pour la haute et la basse Saxe, et c'est lui qui rencontra Luther sur son chemin. Il allait faire un marché, c'est une bataille qu'il trouva. Les cabarets en furent les premiers champs clos.

Tout se fit d'abord avec une certaine solemnité, Tetzès et ses moines gardèrent bien le décorum de leur mission : « Lorsqu'ils entraient dans une ville, dit Miconius, prêtres, moines, le sénat, l'école, les hommes, les femmes et les enfants allaient au-devant d'eux, bannière au vent et cierges allumés. On élevait une croix au milieu du temple, surmontée des armes du pape. Enfin, Dieu même n'aurait pas été reçu avec plus de magnificence. »

Voilà certes une splendide manière d'entrer en marché avec les consciences : Tetzès et les siens ont l'air de vrais apôtres, et il serait injuste de dire d'eux ce que le chansonnier disait si spirituellement des missionnaires de 1823 :

> Les missionnaires sont tous
> Commis-voyageurs trafiquant pour nous.

Mais tout se gâte bientôt, l'Église s'efface pour faire place au négoce ; l'apôtre disparaît, le marchand arrive ; l'Évangile cède à la réclame. Alors, selon Beausobre, à qui nous accordons toute créance ici, bien qu'en sa qualité de protestant, il soit intéressé dans l'affaire, alors « on eut l'audace de prêcher que Tetzès avait sauvé plus d'âmes par les indulgences, que saint Paul par ses prédications ; que dès qu'on entendait le son de l'argent dans le bassin, les âmes étaient à l'instant délivrées du purgatoire ; que les homicides, les débauches, et un outrage même à la virginité de la mère de Dieu étaient des crimes dont on pouvait acheter le pardon. » Pour faire ces propositions éhontées, les dominicains ont eu la pudeur de sortir du sanctuaire. C'est dans les tavernes, lieux où toutes choses alors se vendaient à la criée, qu'ils ont établi leur chaire, ou plutôt leur comptoir. Là, une fois la vente faite, ne sont-ils pas d'ailleurs installés au mieux pour dépenser à leur guise la meilleure partie des sommes qui en ont été le produit !

« On tenait les bureaux dans les cabarets, dit formellement l'abbé Banier, et l'on y voyait ces prédicateurs consumer en débauches une bonne partie de l'argent qu'ils recevaient. »

C'est là que Luther, sortant de sa retraite de Wittemberg, tout pâli par les orgies de l'étude, vint les surprendre en plein scandale ; c'est là qu'il leur lança pour défi ses quatre-vingt-quinze conclusions sur la matière des indulgences, dont la dernière était celle-ci : « Pourquoi le pape, qui retire les âmes du purgatoire pour de l'argent, ne le fait-il pas par charité? » C'est là enfin, dans ces tavernes devenues les immondes succursales des églises chrétiennes, que retentit pour la première fois la parole de l'âpre démolisseur, parole intarissable et effrayante dans son ardeur, et dont il disait lui-même : « C'est la parole qui, pendant que je dormais tranquillement et que je buvais ma bière avec mon cher Mélanchton, a tellement ébranlé la papauté, que jamais prince ni empereur n'en a fait autant. »

Vous savez le reste.

Les pratiques de pieux mercantilisme, que nous venons de voir exercées tout à l'heure par les moines dans les tavernes allemandes, n'étaient pas nouvelles. De tout temps et dans tous les cabarets de la chrétienté, il y avait eu un semblable colportage des choses saintes. Nous avons déjà rencontré les pèlerins qui, bien loin d'y donner leurs coquilles, savaient en faire du bel et bon argent. Les moines, vendeurs d'indulgences et de pardons, ne nous ont pas davantage échappé, et vous devez vous souvenir d'un certain *pardonneur* qui, dans une farce dont nous vous avons donné l'analyse, dupe je ne sais quelle tavernière. Mais ce n'était alors qu'un menu négoce de reliques mal contrôlées, d'indulgences peu authentiques ; maintenant, les affaires se font en grand, c'est une grande foire de pardons ouverte au grand soleil, sous la commandite du saint-siége : tout marché conclu est béni du pape, le trésorier pontifical touche les fonds, et le moine colporteur palpe son droit de courtage. Il y a profit pour tout le monde.

C'est dans les villages surtout qu'on trouvait le plus de gens prêts à se prendre à cette glu de béatitude et de miséricordes ; les moines négociants y affluaient donc mieux encore que dans les villes. Le curé, d'ordinaire, s'entendait avec eux ; au prône, il tonnait bien fort contre les péchés, mortels ou véniels, dont les indulgences fraîchement apportées devaient obtenir le pardon, et, au sortir de la messe, c'était à qui courrait chez le *pardonneur*. Une indulgence de quelques jours dispensait de tant de *meâ culpâ!* Le moine écoulait promptement toute sa marchandise, et, avant de partir, il régalait bien le curé qui avait si à propos amené la clientèle à sa boutique. C'est au cabaret que s'était faite la vente, c'est au cabaret que se faisait le régal donné comme récompense au complaisant curé.

L'auteur des *Repues franches* connaissait tous ces bons tours : blotti dans un coin de taverne, il avait assisté sans doute à plus d'une de ces bonnes ripailles où l'on mangeait l'argent des ouailles en se gaussant bien de leur crédulité ;

aussi, ne les a-t-il pas oubliés dans l'appel qu'il fait à tous bons ribauds cher-
cheurs de *repues franches*.

> Tant jours ouvriers que dimanches.

Voici de quelle façon il invite le marchand d'indulgences et le curé son com-
père :

> Venez-y tous, bons pardonneurs,
> Qui scavez faire les honneurs
> Aux villages de bons pastez,
> Avecques ces gras curatez,
> Qui ayment bien vostre veneue,
> Pour avoir sa franche repeue ;
> Affin que chascun d'eux enhorte
> Les parroissiens, qu'on apporte
> Des biens aux pardons de ce lieu,
> Et qu'on face du bien pour Dieu :
> Tant que le pardonneur s'en aille,
> Le curé ne dependra maille,
> Et aura maistre Jehan Laurent,
> Fermement pavé les despens,
> Et quarte de vin simplement
> Au curé à son département.

Mais ces vers de l'auteur des *Franches repues*, à propos des moines mendiants
et des *pardonneurs*, ne sont que reproches anodins, invectives de bonne humeur ;
Cornélius Agrippa les apostrophe d'une bien autre manière quand il les prend
à partie dans son fameux traité de la *Vanité des sciences*, aux chapitres des *Sectes
monastiques* et de la *Mendicité*. Il va jusqu'à les comparer à la pire espèce des
vagabonds et des *bélistres*, « aux Cyngres ou Égyptiens, lesquels, dit-il,

> Ayment à caymander, de leur logis s'ennuyent,
> Quierent les estrangers et leurs combourgeois fuyent.

» Or, ajoute-t-il, après avoir énuméré tous les excès de cette Bohême de son
temps, or, cette vilaine façon de belistrer, nonobstant que l'on soit fort et deluré,
ne se pratique point par gents vils, ny entre la racaille tant seulement, mais
a trouvé lieu en la religion, et s'est haussée jusques à l'estat ecclésiastique, et
parmy les moynes : dont nous avons tant de sectes de frères mendiants et autres
questeurs et caymans, du nombre desquels sont ceux qui, sous la couverture
d'une perverse et dangereuse religion, portent çà et là avec eux des reliques
des saints, comme ils font à croire, ou contrefaisant des gens de bien par une
frauduleuse apparence de saincteté, garnis de plusieurs fables, de miracles saincts
et controuvés, font peur au simple peuple, le menaçant ores d'une calamité,
ores d'une autre qu'ils diront venir de quelque sainct courroucé, ou leur promettent des indulgences et dispenses, et par tels moyens sous le titre d'aumosnes,
remplissent leurs bourses, et, rodans par le pais, attrapent, des paisans credules

ou des femmelettes étonnées par la superstition, des aigneaux, des chevreaux, des veaux, des cochons, du lard, du vin, de l'huile, beurre, bled, légumes, lait, fromage, des poules, de la laine, du lin, et de l'argent aussi : tant qu'ayant pillé toute une contrée, ils s'en retournent chargés de proye et grasse dépouille en leurs repaires : Là où ils sont receus avec grand feste et joye par leurs compagnons, loués et extollés de ce qu'ils ont sceu si religieusement et saintement piper et abuser le poure menu peuple et les devotes femmelettes, et ont opinion, ces gueux, de faire service très agréable à Dieu, et s'acquittent très bien de leur devoir, quand par telles façons de bélistrer et caymander et par ces tromperies insignes, au grand dommage et diminution du bien public, remplis de pillage, ils peuvent engraisser leurs compagnons de séjour et oisifs, faisant cependant fort peu de compte des vraies œuvres de miséricorde, sous ombre desquelles tant d'aumosnes leurs sont faictes et apportées. La farce de ceste manière de gens a esté autres fois écrite par Apulée sous les tiltres des prêtres de la déesse syrienne, en son *Asne doré*. »

Cette comparaison des moines mendiants et des prêtres de la déesse syrienne, nous l'avions déjà faite sans savoir certainement que ce passage de Cornélius Agrippa nous donnerait si bien raison. Grâce à ce que nous avons écrit déjà, ce n'est plus qu'une redite, mais en pareil cas, ce qui est deux fois dit est deux fois vrai.

L'auteur de la *Vanité des sciences* ne s'en tient pas encore là; voici comment il continue sur le compte de ces moines, qui lui tiennent tant au cœur :

« Avec ceux-ci l'on peut joindre tant d'autres frères et moynes mendiants, lesquels ayant délaissé la saincteté de leurs reigles et professions ont changé la piété au gaing et proffit, comme si la religion ne consistoit en aucune œuvre que à courir çà et là sous le voile de pboureté et qu'il leur fut licite de rôder par tout le monde, bélistrant, raclant, amassant de tous costés argent d'une façon hypocrite, déshontée, importune et présomptueuse, n'estimant déshonnète aucune sorte de gaing, se présentant audacieusement aux assemblées et convocations, aux places et marchés, aux temples, escholes, cours et palais des princes, aux colloques et conférences publiques et privées, aux confessions et disputes, aux prédications et chaires, forteresses de leur imprudence, et de là espandre entre le peuple leurs calomnies et mensonges, vendre leurs marchandises de pardons et indulgences, et mesurer leurs bienfaicts par cérémonies et mines, partir (partager) avec les marchands, usuriers, ravisseurs et destructeurs du peuple, les biens qu'ils ont mal acquis, attirer à eux partie du butin et attraper argent des gens simples, grossiers et ignorants et des superstitieuses vieilles, alléchant premièrement, à l'exemple du vieil serpent, les sottes femmelettes et par icelles se faisans voye et planche pour pouvoir après decevoir les hommes. Et combien qu'ils soient enveloppés dans un habit vil et simple, affecté et curieusement composé pour servir à leur badinage, et monstrer qu'ils sont poures, et qu'ils crient qu'il faut avoir l'argent en mespris, et s'éloigner de toute ambition : eux néantmoins n'ont à cœur chose du monde plus que de faire amas d'argent, pour l'amour duquel ils tournoyent la mer et la terre, se fourrent par toutes les maisons et *hostelleries*, vendent à beaux deniers les sacrements et ministères de religion, exigent tyranniquement les aumosnes ainsi que servis et tribus qui leur seroient deus, s'entremettent des affaires d'un chascun et le tout en faisant leur proffit et non autrement. »

Dès le précédent chapitre traitant des *sectes monastiques*, Agrippa avait longuement parlé de cette *belistrerie* des gens de cloître. Prenant à partie tout le monde des moines, il avait dit avec une franchise inexorable :

« ... Le nombre des bons entre eux est fort esclairci et diminué en ce temps, et la trouppe des mauvais accreue à merveille. Car là abbordent de toutes parts, ainsi qu'à une franchise et receptacle des meschans garnements, tous ceux qui sont effrayés par leur mauvaise conscience, qui craignent la rigueur des loix, et n'ont retraicte asseurée ailleurs, qui sont chargés de crimes dignes de grands supplices, qui ont mené vie infâme et deshonneste, qui sont reduits à belistrer et demander leur pain après avoir dissipé leurs biens en paillardises, berlans et tavernes, et sont chargés de debtes envers un chascun. Ceux qui preunent plaisir à ne rien faire, fuyent le travail et espèrent de vivre là en oisiveté...

» Voylà la grande mer en laquelle, avec les autres poissons, vivent Behemot et Leviathan, monstres énormes et estranges reptiles, le nombre desquels est infini : d'où sortent tant de marmots stoïques, tant d'importuns attrape-deniers, tant de belistres bien emmantelés, tant de monstres embéguinés, porte barbe, porte cordes, porte licols, porte sacs, chaussés de cuir ou porte sabots, pieds nuds, vestus de noir, gris, blancs, grivellés, fauves, portant rochets, retz, chappes, manteaux, cappes, ceincts, desseincts, portans brayes, et tant d'autres tels bouffons et bastelleurs, lesquels ayant perdu entièrement leur crédit en ce qui concerne les affaires du monde, parlent avec grande autorité des choses célestes et divines ; en quoy leur est foy adjoustée, à cause de leur habillement estrange et prodigieux ; en sorte qu'eux seuls usurpent aujourd'hui le sainct tiltre de religion, sont, ce disent-ils, compagnons de Jésus-Christ et de mesme chambrée avec les apostres. Néantmoins leur vie est pleine de meschanceté, d'avarice, luxure, gourmandise, ambition, témérité, arrogance et en somme de tout vice : mais tousjours excusée et impunie sous le couvert de la religion... »

Qu'on lise tous les auteurs du XVIe siècle, prosateurs ou poetes, on les trouvera tous d'accord sur la paillardise des moines, sur leur amour de la luxure et du cabaret. Ici c'est l'auteur du *Moyen de parvenir* qui dit avec la cynique sincérité de son style : « ... D'autant qu'il n'y a gens qui soient plus sur le c... que moines et gens bénis, ministres et sçavants qui étudient assis, et qui au lieu

de conserver les saints ordres qui leur ont été conférés, les quittent, et aban-
donnant l'ordre de Dieu, se rangent aux ordres du diable, qui leur confère grâce
d'être plus ribauds que jamais et plus ... que les autres gens. » Ailleurs, ce sont
les mille et un sarcasmes de Rabelais sur ces *beaulx pères* mendiants, sur leurs
viresvoustes ou tours de souplesse dans les maisons et les tavernes dont ils
écrèment les grasses délices, sarcasmes violents et amers sur lesquels la verve
des rimeurs du xvii⁰ siècle devait encore surenchérir. Que n'a-t-on pas dit, par
exemple, sur la *mule des cordeliers*? que n'a-t-on point conté des capucins s'en
allant *naqueter* de cabarets en cabarets, de fermes en fermes, et employant mille
inventions ou *virevoutes* — car ce mot avait survécu à Rabelais — pour attraper
les bribes les plus savoureuses.

Voici, par exemple, comment un livre imprimé en 1607, le *Passe-partout
des jésuites*, parle des capucins, gens, y est-il dit :

> Desquels la troupe vagabonde
> Ne s'attache point en ce monde
> A quelque certain ratelier :
> Et marmiteuse ne s'arreste
> Qu'aux *virevoustes* de sa queste,
> Faisant de son dos son grenier.

Le peuple ne tarissait pas lui-même en facéties sarcastiques, en appellations
burlesques, pour bien désigner et flageller ces moines. Ainsi, les voyant toujours
errants par les campagnes, y glanant la dime des meilleurs fruits, il s'accou-
tuma à ne plus séparer cette dîme multiple de ceux qui la percevaient, et à
désigner, par le même mot *mendiant*, le moine et quelques uns des fruits dont il
emplissait sa besace. Ces fruits d'ailleurs, voyez le hasard, se rapprochaient par
la nuance de leur écorce de la couleur exigée pour les habits des quatre ordres
mendiants, ou *quatre mendiants*, comme on disait par abréviation. Ils étaient,
comme nous l'apprennent deux vers de *la Muse en belle humeur*,

> Les uns noirs et les autres blancs.
> Les uns gris, etc

Or, les fruits dont nous voulons parler ont en effet des couleurs pareilles :
le raisin sec est noir, la figue séchée et sucrée est blanche, l'amande est grise, la
noisette ou l'aveline sont brunes. Vous comprenez maintenant pourquoi on appelle
quatre-mendiants certaine assiette friande, joie des desserts de restaurant. Ce
n'est qu'un souvenir des moines quêteurs, noirs, blancs, gris, bruns et de leur
lourde besace toute remplie de ces fruits noirs, blancs, gris et bruns comme
eux. Au xvii⁰ siècle, le fameux dessert s'appelait déjà comme aujourd'hui. Les
hôtes du *Petit-Môre* et de la *Pomme-de-Pin* ne le désignaient point autrement
quand ils le demandaient à l'*issue* du repas pour bien aiguillonner leur sóif. Le

Dictionnaire de Trévoux en fait foi. Le prédicateur le plus burlesque de cette époque, le petit père André, connaissait le mot et son étymologie, et un jour il s'avisa de retourner celle-ci en chaire pour en faire une raillerie plus directe contre les moines. Les *quatre-mendiants* étaient aussi appelés *fruits de carême*, parce qu'en effet c'était surtout en carême que les moines les acceptaient pour dîme et s'en délectaient au réfectoire. Le malin prédicateur, pour en bien parler en leur temps, prit donc occasion d'un sermon de carême qu'il prêchait devant Lous XIII et voici, à leur propos, la singulière sortie étymologique qu'il hasarda : « On appelle, dit-il, le *fruit du carême, quatre-mendiants*, parce qu'en effet chacun des fruits qui le composent a pour patron un des quatre ordres mendiants : Les *franciscains-capucinaux* représentent les raisins secs ; les *recollets* sont les figues sèches ; les *minimes* semblent des amandes avariées, et les *moines déchaux* ne sont que des noisettes vides. »

Nous voudrions en avoir fini depuis longtemps avec les désordres des gens de cloître et d'église, et le cœur nous *deult* de nous y être arrêtés si longtemps ; la faute n'en est pas à nous, mais bien au sujet même, trop riche et trop abondant pour qu'il nous fût possible d'en dire moins et d'atténuer le scandale par quelques réticences. Et que de choses encore nous aurions à dire si nous tenions à être tout à fait complets et à ne rien sous-entendre. Nous n'aurions pour cela qu'à puiser à pleines mains dans l'*Apologie pour Hérodote* d'Henri Estienne, dans les œuvres d'Érasme, etc., comme nous avons déjà puisé dans Rabelais, dans Eutrapel, dans Bonaventure des Perriers, dans le *Moyen de parvenir;* la moisson de scandales serait pareille, sinon plus abondante encore. Dans Érasme, en son livre des *Adages*, nous trouverions jusqu'à des proverbes consacrant la renommée d'ivrognes intrépides qu'avaient partout les moines et les prêtres. Il dit, par exemple, que de son temps, pour désigner un vin excellent et plein de force, on l'appelait *vinum theologicum* (vin théologal), et en cela il est d'accord avec Rabelais, qui dit quelque part *boire théologalement* pour « boire abondamment. » Érasme rapporte encore, dans ce même livre des *Adages*, que les Allemands de son temps avaient ce proverbe : *Monachorum nunc nihil aliud est quam facere, esse, bibere;* « la vie des moines ne consiste qu'à manger, boire et paillarder. » Songez que c'est chez les Allemands, buveurs à l'ivrognerie proverbiale, que ce proverbe avait cours !

De tous les moines, les plus gourmands peut-être étaient les Dominicains. Nuls parmi les frères prêcheurs n'abusaient mieux de la permission que donnent les longs sermons d'être altérés et de bien boire. Ces moines avaient des vignes partout, même dans Paris. La rue *Saint-Dominique d'Enfer* doit son nom au vignoble qu'ils possédèrent sur son emplacement jusqu'en 1550. Leur vendange était toujours la première faite et la première consommée. C'est d'un de leurs prieurs au large visage et à la trogne bien enluminée qu'était venue la locution proverbiale *une face d'abbé*, et je croirais volontiers que ce vers d'un poëte latin du xiv° siècle :

O monachi, vestri stomachi sunt amphora Bacchi,

« Moines, vos estomacs sont des cruches de vin, » fut écrit par allusions aux panses dominicaines. Du reste, il ne faut que connaître un couplet de sept autres vers latins, écrits par un poëte du même temps en manière d'oraison mentale, que ces moines auraient adressée à leur patron chaque fois qu'ils se mettaient à table, pour bien savoir jusqu'où allait leur passion pour le vin, leur ferveur et leur culte pour la *dive bouteille :*

Sanctus Dominicus, sit nobis semper amicus
Cui canimus nostro jugiter præconia nostro,
De cordis venis, siccatis ante lagenis.
Ergo tuas laudes si tu nos pangere gaudes,
Tempore paschali, fac ne potu puteali
Conveniat uti ; quod si fit undique muti
Semper erunt fratres qui non curant nisi fratres.

« Honneur au bon saint Dominique, qui ne permet pas que nous allions au chœur chanter d'un gosier sec des hymnes à sa gloire ! grand Dieu ! si tu veux que nous célébrions dignement tes louanges, ne nous réduis pas à ne boire que de l'eau de puits, car nous serions muets pour toujours. »

Sur la réputation bachique des Dominicains, un cabaretier avait pris pour enseigne l'*image de saint Dominique*. Elle lui avait porté bonheur ; grâce à ce patronage de bon augure, son logis s'était achalandé des meilleurs buveurs, qui, une fois en nombre, se constituèrent en confrérie d'ivrognes, et, de par l'enseigne de leur tavernier, s'intitulèrent *dominiquains (sic)*, ni plus ni moins que s'ils eussent fait vœu monastique. L'ordre, dont ce cabaret devenait ainsi la succursale, n'avait-il pas en effet deux patrons, saint Dominique et le vin ; nos drôles n'avaient prêté serment qu'au dernier, avaient-ils eu tort ? leur vœu, du moins, était ainsi certain d'être sincère.

Ils avaient une règle, comme de vrais moines, et cette règle, véritable code monastique en cela, portait que chacun des confrères observerait la chasteté. Je suis sûr qu'ils ne l'enfreignirent point. Le buveur n'est point polythéiste, il n'a jamais deux passions à la fois. Il aime le vin, cela lui suffit ; il dédaigne l'amour. Un moine est moins abstinent ; il admet volontiers le cumul dans ses désordres, et l'ivresse pour lui n'est qu'un aiguillon de luxure. Nos *dominicains* du cabaret, à tout prendre, vaudraient donc mieux que ceux du cloître. Une chanson du xviii° siècle, publiée dans le *Nouveau recueil des belles poésies*, etc., sous ce titre : *Pour ceux qui fréquentoient le logis de saint Dominique et qu'on appeloit Dominiquains*, nous détaille, en quelques couplets, tous les statuts de ce chef d'ordre bachique. Voici quelques vers du premier qui nous importe seul :

> Nous sommes dix, tous grands buveurs,
> Bons ivrognes et grands fumeurs,
> Qui ne cessant jamais de boire
> Et de remuer la mâchoire,
> Méprisons d'amour les faveurs .

Pour expliquer l'amour des moines et des prêtres pour le vin, on cherchait alors et l'on trouvait mille raisons plus ou moins facétieuses, mais surtout ironiques. L'un disait, à propos de cette locution, *vinum theologicum*, dont nous avons parlé : « Les gradués en droit se sont emparés des canonicats, des doyennés, archidiaconnés, et n'ont laissé aux pauvres théologiens que les bénéfices à charges d'âmes. Or, comme il est écrit des pasteurs qu'ils mangeront les péchés du peuple, il n'y a qu'un vin très actif qui puisse faire digérer un aliment si coriace ; de là l'expression. »

D'autres trouvaient d'autres arguments, notamment Henri Estienne dans son *Apologie pour Hérodote*. Nous allons reproduire en partie ce qu'il a écrit à ce propos :

« Retournant, dit-il, à ces proverbes, *vin théologal* et *table d'abbé* ou *table de prélat*, je soutiens que, sans eux, on n'eût jamais pu avoir l'intelligence de ce passage d'Horace :

> Nunc est bibendum, nunc pede libero
> Pulsanda tellus : nunc saliaribus
> Ornare pulvinar Deorum,
> Tempus erat dapibus sodales

» Ni de celui-ci du même poete :

> Absumet hæres cæcuba dignior,
> Servata centum clavibus et mero
> Tinget pavimentum superbis
> Pontificum potiore cœnis.

» Et, ajoute Henri Estienne, la preuve qu'on a eu besoin de ces proverbes pour faire bien entendre ces passages, je la trouve encore dans la glose suivante sur ce dernier : *Mero dicit potiore (meliore) cœnis pontificum quam quo pontifices in cœnis suis quæ semper sumptuosissimæ fuerunt, undè nunc theologicum dicunt vinum usi sunt.* Horace dit que ce vin étoit encore meilleur que celui qu'on servoit aux pontifes romains dont les repas étoient très somptueux ; et c'est là l'origine du *vin théologal*. Voilà de quoi sont responsables les commentateurs envers les théologiens et les prélats. »

L'exemple, comme on voit, venait de loin : des prêtres du paganisme ; et pour qu'il se perpétuât mieux, c'est dans les hautes régions de la hiérarchie religieuse qu'il s'était conservé. Dans un certain temps, les papes avaient été

les premiers ivrognes. Le Vatican était devenu avec eux ce qu'avaient été les
palais des empereurs de Rome, une splendide taverne, sinon un lieu pire. Théo-
doric de Niem, secrétaire du saint-siége, évêque de Ferden, avoue, sans rougir
pour son héros, qu'Alexandre V dont il écrit l'histoire était « grand buveur, et
de grands vins. » Ce sont ses propres expressions traduites.

S'il fallait en croire les lettres de l'ambassadeur d'Espagne à Philippe II,
Sixte V n'aurait été qu'un méchant ivrogne ; on soupçonne aussi Boniface VIII
d'avoir donné dans le même travers, mais sans grande preuve. L'excellent pon-
tife nous semble en effet n'avoir fait acte de buveur que le jour où, par une
bulle, il institua des indulgences pour ceux qui boiraient un coup après grâces.
Enfin, d'après tout cela, on donne volontiers raison au chansonnier dont Henri
Estienne cite ce couplet touchant la sobriété plus que douteuse des pontifes :

> Le pape qui siége a Rome
> Boit du vin comme un autre homme,
> Et de l'hypocras aussi...

Nous pourrions finir ici ce chapitre de *beuverie* pontificale, mais une autre
chanson le couronnera mieux. Il s'agit d'Innocent XII. Quand il eut été élu
pape, les plaisants firent, comme c'est l'usage, mille quolibets sur sa personne.
Le nom de son père et celui de sa mère, dont on se souvint à propos, y
prêtaient surtout. Pasquin et Marforio s'en défrayèrent pendant plus d'une semaine. Il n'y eut pas un cabaret de Rome qui ne trouvât un écho pour les refrains
avinés qui consacrèrent l'élu du conclave. Or, comme vous allez voir, il ne pouvait, en cette occasion, naître autre chose que des chansons à boire, et il fallait de nécessité que les rieurs de taverne se mêlassent de l'affaire ; par ses deux
noms malencontreux, le nouveau pape leur revenait de droit. Il s'appelait *Pignatelli* du chef de son père et *Caraffa* du chef de sa mère. Vous comprenez
le dernier nom et vous voyez d'ici les allusions de buveur qui en pouvaient
naître ; quand vous saurez que, d'un autre côté, l'autre nom *Pignatelli* veut dire
petit pot en italien, vous aurez le secret de tous les couplets qui entrèrent en
circulation dans les tavernes romaines, toutes roulant sur les mêmes mots, toutes
aiguisées par le même trait. En tout cela, c'est le hasard qui avait été le plus
spirituel. Coulange qui était alors à Rome, voulut faire aussi son couplet, et il
ne le fit ni meilleur ni pire que tous ceux qui couraient :

> Nous devons tous boire en repos,
> Sous le regne de ce saint père,
> Son nom, ses armes, sont des pots,
> Une caraffe était sa mère
> Célebrons donc avec éclat
> Cet illustre pontificat

Le trait n'est pas bien fin, la rime n'est pas bien riche, et, je le répète encore,

c'est la rencontre fortuite de deux noms qui fait ici tout l'esprit. Le hasard en
avait déjà eu plus d'une fois de cette manière. Je me souviens d'un passage de
la scène I™ des *Grenouilles* d'Aristophane, où Bacchus plaisante de même sur le
nom de *Stamnion*, qu'il dit être celui de son père ; or en grec *stamnion* signifie
cruche. Le dieu s'écrie donc fièrement : « Moi, Bacchus, fils de Cruche. » Enfin,
tout cela nous rappelle, et à vous sans doute aussi, une bonne vieille chanson :

> Mon père était broc,
> Ma mère était pot,
> Ma grand'mère était pinte.

dont nous trouvons l'histoire dans une note de l'article écrit sur Philippe Pot par
M. G. Peignot dans la *Biographie universelle*, note que, pour le dire en passant,
M. Génin a reproduite, sans en indiquer, bien entendu, l'origine, en un endroit de
son édition des *Lettres de la reine Marguerite*. Voici ce que dit M. G. Peignot :
« Guy Pot, frère aîné de Philippe, fut père d'Anne Pot, qui épousa Guillaume de
Montmorency, d'où viennent les ducs de Montmorency, les princes de Condé,
de Conti, etc. » Puis, avec une intention ironique à l'adresse des nobles maisons
dont il dévoile ainsi la très roturière origine, il ajoute cette note sournoise.
« On a fait, pour ridiculiser cette alliance, une chanson dont le refrain est : ·

> Mon père était broc. »

Nous ne savons où Peignot a trouvé l'anecdote, mais elle est curieuse ; quelle
qu'elle soit et d'où elle vienne, elle méritait d'avoir sa place ici ; nous ne savons
si elle est vraie, mais elle est certainement vraisemblable, elle est tout à fait
dans l'esprit du temps où elle dut être faite, c'est-à-dire le règne de Louis XI,
dont Philippe Pot, comme on sait, fut le conseiller et le ministre. Si la chanson
nous était parvenue tout entière, peut-être y trouverions-nous, dans quelques
autres allusions malicieuses, les preuves qui nous manquent. Malheureusement
nous n'en avons que le refrain, et c'est à tort qu'un érudit du *Bulletin du biblio-*
phile a prétendu la retrouver dans une autre, qui en ramène bien le refrain, il
est vrai, qui en reproduit bien l'esprit, mais qui n'a en aucune façon le caractère de satire politique, que son origine devrait lui faire supposer. Cette seconde
chanson, du reste, étant franche et d'une bonne allure bachique, est tout à
fait de notre domaine : aussi allons-nous en citer ici les trois couplets tels que
les donne le recueil manuscrit d'un amateur de Lyon. Pour ce qui est de l'air,
tout le monde le sait, depuis que Béranger l'a remis à la mode en l'adaptant à
sa charmante chanson de *Paillasse* ; si pourtant quelqu'un ne le connaissait pas,
il le trouvera noté sous le n° 633 de la *Clé du caveau* de Capelle, première
édition :

CHANSON DE TABLE.

Buvons à tire larigot,
 Chers amis, à la ronde,
Au dieu du vin soyons devot,
 Il gouverne le monde.
 Jadis nos ayeux
 Prêchaient encor mieux
 Cette morale sainte
  Mon père était broc,
  Ma mère était pot,
 Ma grand'mère était pinte.

Il suffirait de ce couplet pour prouver, quoi que prétende M. Pericaud, auteur de l'article cité tout à l'heure, pour prouver, dis-je, qu'ici le refrain est plus vieux que la chanson, et qu'il n'est ramené que comme souvenir et citation d'une plus ancienne.

J'eus pour parrain le dieu Bacchus,
 Ce fut sous une treille
Que de luy le nom je reçus
 D'enfant de la bouteille.
 Dès que je fus né,
 De ce jus sacré
 J'eus la première atteinte.
  Mon père était broc,
  Ma mère était pot,
 Ma grand'mère était pinte.

La nourrice que je tétais
 Me donnait la bouillie,
Mais à ce mets je préférais
 Le vin de Malvoisie
 Enfant, je suçais,
 Au lieu de hochet,
 Un raisin de Corinthe.
  Mon père était broc,
  Ma mère était pot,
 Ma grand'mère était pinte

C'est le jeu de mot fait sur un prince de l'Église qui nous a conduit à cette citation chansonnière. Nous ne quitterons pas le sacré collége, qui pourtant n'est guère limitrophe à notre domaine, sans y glaner quelques faits nouveaux assortissants au sujet de ce livre.

Un cardinal du temps de Paul IV nous en fournira d'abord l'occasion, c'est Innocenzo del Monte, qui, neveu adoptif de Jules III, avait dû à cette parenté, à ce *népotisme*, c'est la véritable expression, d'être promu au cardinalat dès l'âge de dix-sept ans. « Cet indigne sujet, comme dit Amelot de la Houssaye, ne fit que déshonorer la pourpre; on lui donna le surnom de cardinal *Simia;* soit parce que ses manières immondes rappelaient celles du singe, soit, comme le dit encore la Houssaye, à cause de l'emploi qu'il avait eu de gouverner le singe dans la maison de son oncle. »

Tout ce qu'il commit de bassesses, d'actions honteuses et même de crimes ne se peut nombrer. Quand Paul IV eut succédé à Jules III, il voulut faire justice de cet abus vivant de *népotisme* papal; « il eut envie, dit la Houssaye, de lui ôter le chapeau, et il l'aurait fait sans doute si le cardinal Pedro Pacheco ne l'eût détourné par un mot que Paul interpréta comme dit contre ses neveux, qui abusaient de son autorité : *Très saint père, la réformation doit commencer par nous-mêmes.* » Sauvé cette fois, Innocenzo del Monte n'échappa point à la rigueur plus efficace de Pie IV. Il est vrai qu'il mit le comble à ses crimes. Dans une aventure que nous ne voulons pas raconter et qui eut pour théâtre une hôtellerie des États romains, il fit mettre à mort, par ses sbires, un hôtelier et son fils. Pie IV fut instruit de ce nouveau méfait, il fit arrêter le coupable, et, pour son double homicide, le retint treize mois en prison. Ce n'était certes pas assez, et, en effet, sa sévérité ne s'en tint pas là. Innocenzo fut dépouillé d'une partie de ses revenus ecclésiastiques, qui furent appliqués à un hôpital de Saint-Esprit, et on le confina pour toute sa vie dans le monastère du Mont-Cassin. Amelot de la Houssaye conclut ainsi cette scandaleuse histoire, dont le meurtre de l'hôtelier et de son fils fut le principal forfait. « Ainsi rien ne convenait mieux au cardinal Innocenzo del Monte que le proverbe de *simia in purpura.* » Pour accepter cette conclusion, il faudrait d'abord admettre que le singe est un animal dangereux.

Nous n'en finirons pas avec ces épisodes singuliers de l'histoire des cabarets et des hôtelleries, auxquelles des prélats se trouvent si étrangement mêlés, sans vous dire un mot de l'abdication peu volontaire d'un évêque, qui eut une auberge pour théâtre.

C'est de Jean de Heinsberg, évêque de Liége au temps de Philippe le Bon et de Charles le Téméraire, que nous voulons parler. Il était domestique *parasite* des ducs de Bourgogne, il leur avait vendu sa ville, au point que, s'autorisant d'un prétendu arbitrage de l'archevêque de Cologne, il leur avait laissé lever, en 1431, sur les Liégeois, l'amende monstrueuse de deux cent mille florins du Rhin. Il fut puni par où il avait péché; il fut dévoré par ceux même dont il avait alléché l'avidité. Une heure vint, où voyant les progrès que le parti français faisait à Liége sous les auspices du *Sanglier des Ardennes*, le comte de la Marche, l'évêque tenta de fausser compagnie à ses premiers patrons, et pencha visiblement vers la France. Il tendit les bras à la Marche, l'attira dans son évêché, et, le 8 mars 1455, lui rendit le gouvernement de Bouillon. Le duc de Bourgogne prit alors l'éveil. « Son évêque tournait, » comme dit M. Michelet, et, pour peu qu'il lui laissât achever sa volte-face, Liége était perdue pour lui. Il déjoua le danger. Attirer le prélat au palais ducal, et là, par des menaces de mort, qui, quoi qu'on ait dit, ne furent pas mises en avant, l'amener à une abdication, c'était chose facile. Le duc craignit qu'on ne criât à la violence, il prit un autre parti. Afin qu'on pût croire que l'évêque avait pu conserver toute l'indépendance de sa volonté, c'est sur un terrain neutre, c'est dans une auberge qu'on l'attira sous je ne sais quel prétexte; elle portait l'enseigne du Cygne (*hospitium de cygno*), dit la chronique. Il suffit de la vue des gardes du duc, postés, hallebarde en main, à toutes les issues, pour que, sur une première invitation, le pauvre évêque résignât ses pouvoirs, et acceptât, pour successeur, un neveu du duc de Bourgogne, le jeune Louis de Bourbon.

Nous voilà loin, grâce à cette péripétie politique, des scènes joyeuses dont nos tavernes et nos hôtelleries sont l'ordinaire théâtre. Un couplet peut nous y ramener; aussi bien c'est pour compléter l'idée surgie à propos d'un couplet que nous nous en sommes écartés.

Il s'agit encore de moines, et c'est un poeme gaillard, le *Triomphe des Carmes*, qui nous donnera notre couplet de transition.

> Jean Gilles, dit le Prieux,
> Nous ne sommes cy que tous deux,
> Or, nous donne, par courtoisie,
> Ung peu de fromage de Brie,
> Et plain *poichon* de vin d'Ausoire

A l'antépénultième mot de ce dernier vers, à ce mot *poichon*, qui vous semble être d'un argot bachique plus moderne, vous avez, j'en suis sûr, levé l'oreille. Quelle en est l'étymologie? Est-ce celle que nous avons avancée dans notre premier volume en rappelant la légende de saint Martin et du pécheur de la Loire, ou bien ce mot ne serait-il qu'une altération de cet autre « *poinçon* » employée encore dans l'Orléanais pour désigner un petit tonneau, les deux tiers du muids environ? Cela peut être; en tout cas, pour se transformer de cette façon, si le mot perd une lettre, la chose perd beaucoup de sa capacité, car le *poisson*, comme l'entend le bon carme et comme l'entendent encore nos ivrognes, n'est qu'une faible partie du *poinçon*.

Le débat ne vaut pas la peine qu'on le pousse plus loin. Nous remarquerons seulement que *poisson*, pris dans le sens de mesure, était un mot usuel du jargon des tavernes au XVIe siècle.

Les *Trois poissons* était une enseigne assez commune pour les cabarets; à Paris seulement nous en connaissons deux qui l'avaient arboré. Un d'abord rue Saint-Marcel, et celui-là même où mons Eutrapel voudrait grassement passer sa vie.

« Que pleust à Dieu, disois-je en moi-même. lisons-nous dans ses *Contes*, estre avec les compagnons d'Iservay, au petit cabaret des *Trois poissons*, au faubourg Saint-Marceau de Paris à ce bon vin d'Orléans. »

L'autre cabaret des *Trois poissons* était situé dans les environs du Palais ; il y avait affluence de jeunes clercs qui, buvant bien et perpétuellement, faisaient, de l'heureuse taverne, la rivale de la *Pomme de pin*. Nous lisons, à la scène VI⁰ de l'acte II de la *Vefve*, l'une des *Comédies facecieuses de Pierre de l'Arivey* : « Si je vay au Palais, tous ces clercs sont alentour de moy, l'un me mene aux *Trois poissons*, l'autre à la *Pomme de pin*. »

Puisque nous tenons ici les clercs de procureur et avocats au cabaret, nous ne les quitterons pas si vite, nous les chercherons en d'autres tavernes et nous ne manquerons jamais de les y rencontrer en compagnie des meilleurs drôles, s'y accoutumant même à la fréquentation de ces maitres jurés voleurs, pour lesquels ils plaideront d'autant mieux plus tard que ce seront d'anciens amis. « Doncques pour donner fin à tels vénérables *hillots*, comme dit Jacques Tahureau en ses *Dialogues*, je ne veux oublier une bonne partie d'entr'eux, et principalement de ces jeunes advocatz, escoutant les quels ne sçavent pas moins pratiquer la loy *vinum*, le livre *de edendo*, au *Petit diable*, au *Roy Pepin* ou autre ressort de bons alterez. » S'ils n'étaient pas là en lieu convenable pour s'instruire du *Digeste* et des *Institutes*, au moins s'y trouvaient-ils quelquefois fort à point pour instrumenter contre des coupables. Il s'en rencontrait de toute sorte aux hostelleries et aux tavernes. L'hôte, d'abord, qui, d'ordinaire, cumulait en soi toutes les sortes de perversions, et dont ils étaient les premières dupes, en dépit de leur science dans l'art de flairer et de dépister les voleurs. Écoutez ce qu'en son livret, cité plus haut, la *Loyauté consciencieuse des taverniers*, Désiré Arthus a dit de cette engeance tavernière, recrutée dans la plus tarée et la plus vile de toutes :

> Bref, ils ont tous si très grand privilége
> De *desrober* et de *piller marchans*,
> Que plusieurs gens abandonnent leur siége
> Et leur mestier pour estre des meschans
> Sur les chemins des grands villes et champs,
> Ne trouverez de douze maisons l'une
> Qui n'ait enseigne, d'un soleil, d'une lune,
> Tous vendans vin, chascun en son quartier,
> Depuis qu'un coup ont gousté la fortune,
> Ne veullent plus faire d'autre mestier.
>   Quand en cest endroit,
>   Sur vous et sur moy,
>   Ils ont plus de droit
>   Qu'empereur ne roi.

Pas de clerc bien avisé qui pût se vanter d'échapper à leurs piéges et de n'y laisser quelques écus de trop. Dans le cas, d'ailleurs, où ce subtil argent de la chicane en goguette se fût sauvé des lacs du tavernier, il y avait toujours, tendus tout près, les filets de quelque bon *hillot*, disposés à happer ce que le cabaretier laissait perdre. Les *enfants sans soucy*, dont nous vous parlions tantôt, étaient certainement, de toute la basoche, ceux qui, pour l'habileté à déjouer une intrigue, à se sauver d'une tromperie, auraient pu lutter le mieux avec un tavernier, et ces dignes filous piliers de leurs bouges ; et cependant, voyez l'adresse de ces drôles, nos basochiens eux-mêmes donnèrent plus d'une fois dans le panneau, et durent s'en aller, de la taverne, volés et partant dégrisés. Guillaume Bouchet, en sa *quatriesme serée*, nous raconte une aventure survenue au fameux cabaret du *Petit More*, dans le temps de l'Épiphanie, les *bacchanales du roy boit*, comme il dit, laquelle se termina par un dénoûment de cette sorte, le tout au profit d'un maître filou et à la courte honte d'une très honnète compagnie, à laquelle nos *enfants sans soucy* et leur badin s'étaient venus mêler. Vous allez voir comment les dames y perdirent leurs bijoux et les hommes leur argent, ne gagnant que les invectives du tavernier, qui cherchait son débiteur au milieu de toutes ces pauvres dupes.

« Il se trouva, dit-il, à ceste serée du Roy boit, un homme assez d'apparence qui nous faisoit cest honneur de nous rechercher et de se trouver en toutes ces bacchanales du roy boit. Le voyant lest et accort, on fut d'avis de luy bailler le bouquet, et de fait une honneste damoiselle, en le baisant, luy présente au nom de toute la compagnie. Il le prend avec une grande révérence, il les remercie de l'honneur qu'on lui fait, mais il leur dit qu'estant si petit compagnon, il craignoit fort qu'on ne lui fit pas ce bien de se trouver à son festin, et que, pour en estre asseurée, il les prie de luy donner quelque gage pour plus grande assurance, autrement qu'il se défiera de leur promesse et ne pensera pas qu'on le veuille tant honorer et priser que de se trouver au lieu où il a grand envie de leur faire bonne chère. Il fait tant que pour s'assurer, il tire d'une damoiselle une chaisne, d'une austre un bracelet, d'une dame un anneau, de l'autre un carcan ; des hommes qui n'avaient pas de joyaux, il tire de l'un un double ducat, de l'autre un escu, des autres des réales et testons, chacun s'efforçant à luy bailler des arres, tant on avoit grand envie à se trouver à ce banquet, car il avoit dit qu'il ne feroit nul compte de ceux qui ne l'asseuroient point, et les prioit de n'y venir, parce qu'il ne les pourroit pas bien traicter, ne sachant le nombre. Ceux qui n'avoient pas de gages pour donner estoient les plus faschez du monde et empruntoient à leurs amis. Cestuy à qui l'on avoit baillé le bouquet ayant ces gages, il leur baille le jour et le lieu où il devoit faire son festin, et les prie de s'y trouver sans les envoyer convier, car, disoit-il, je n'ay pas tant de serviteurs. Il ne faut pas de faire ses apprêts, il marchande au *Petit More*, il convient, pour ce soir là, à tous les joueurs d'instruments, et à des *enfants sans soucy* avec leur badin, qui luy promirent de bien badiner. Toute la ville était asçavante de ce grand banquet. Celuy qui avoit entrepris la charge de les festoyer fait ses provisions et les appreste au lieu à ce dedié, les violons et cornets avec les farceurs tiennent leurs promesses : celuy à qui l'on avoit baillé le bouquet, et qui devoit faire tous les frais, s'y trouve tout le premier ; les conviez ne faillirent point à se rendre à l'heure du disner, afin de voir la magnificence, et retirer leurs gages. Estans arrivez, le maistre du convy fist couvrir et les remercie de l'honneur qu'il recevoit d'eux. Estans assis, sans grande cérémonie, on les sert de telles sortes que tous disoient qu'ils n'avoient jamais veu de nopces ne receptions de mariées, ne quelque autre festin si magnifique que cestuy-cy. Durant le banquet, on n'entend rien que violons, cornets, flustes, luths et épinettes. Estans finis, voicy des matachins, voicy des farceurs et badins qui redoublent la feste. Après la badinerie finie, on commence à danser, celuy qui les avoit invitez menant la danse. Le branle finy et le bal commencé, il remercy un chascun de la courtoisie qu'on luy avoit faite, et qu'il demeuroit leur serviteur à jamais, les priant de l'excuser s'ils n'avoient été si bien traictez comme il leur appartenoit et comme il en avoit bonne envie. Durant le bal, il fait apporter la collation, où il ne manquoit rien. Quand il voit tout le monde empesché, mesme que les violons avoient cessé et faisoient comme les austres, il se dépestre de toute la compagnie, si bien qu'il esvanouit et fait un pertuis en l'air, dont il n'est point encores sorty. Tous les conviez le recherchent, tant pour le remercier que pour avoir leurs gages, et se trouvèrent bien estonnez qu'on n'en sçavoit aucunes nouvelles ; mais ils le furent bien encores plus quand ceux qui avoient entrepris le banquet ne les vouloient laisser sortir qu'on ne baillast un escu pour teste, comme il avoit esté convenu entre eux et celuy qui leur avoit fait apprester le festin. Ce fut le meilleur, et ne me peut tenir de rire, quand je vy qu'on contraignoit les tabourineurs à payer leur escot, qui ne l'ont pas accoustumé, et que le badin ne peut si bien badiner qu'il n'en eust meilleur marché que les austres. Je vous laisse à penser si ceux qui avoient baillez de bons gages n'avoient pas bien payé leur escot, et, pour nous fascher davantage, la ville en estans toute asçavantée, on venoit de toutes parts au-devant de nous, et demandoient : Eh bien messieurs ! eh bien mesdames ! avez-vous pas esté bien traictez pour votre argent ? Voilà comment ceux qui veulent mestre les autres en despense bien souvent y tombent eux-mesmes, dont ils ne se doivent plaindre, autrement, eux-mesmes s'accuseroient, s'ils reputoient à offense ce qu'ils vouldroient bien commettre à l'endroit d'autruy. »

Ces *serées* de Guillaume Bouchet, d'où ceci est extrait, sont pleines de ces bons contes de duperies au cabaret par les pratiques entre elles ou par l'hôtelier lui-même, par l'hôtelier surtout, avec lequel il semble que maître Bouchet ait eu souvent maille à partir pour des tromperies de cette sorte.

C'est lui qui, dans sa *Première serée, Du vin*, donne du mot *hoste* la singulière étymologie de *hostis*, vu que tout hôtelier est l'*ennemi* né de celui qu'il héberge, de celui qu'il fait boire, et pour qui il gâte la meilleur chose que Dieu ait faite, le vin.

« ...Les François, dit-il, ont appelé ces gens icy *hostes*, du mot latin *hostis*, qui est à dire ennemy : le François retenant du mot latin *hostis*, hôste et hostellier, n'ayant, le François, plus grand ennemy que celuy qui gaste et corrompt une si bonne chose qu'est le vin, ne le pouvant autrement ne plus proprement appeler qu'ennemy. »

Bouchet, qui fait de cette *étymologie* celle qu'il adopte, continue par les preuves qui constatent son excellence et sa raison.

« Et pour monstrer, dit-il, que ce n'est pas d'aujourd'hui qu'on tient les hostes et taverniers pour ennemys, vous trouverez qu'anciennement celui qu'on nomme *hospes* en latin, s'appeloit *hostis ab hostiendo, i, œquando*, aussi *nostri hostes*, nos ennémys meslant l'eau avec le vin les rendent esgaux, vendant l'un autant que l'autre. »

Puis, partant de cette étymologie burlesque, si bien dans l'esprit de son époque, toute bouffonne et tout érudite, maître Guillaume Bouchet s'échappe en mille citations grecques et latines qu'il trouve moyen de changer toutes en invectives contre ces *hostes*, cabaretiers ou ennemis, suivant qu'on prenne le mot avec son acception française ou son acception latine.

« Et c'est une des raisons, dit-il, pourquoy Platon ne veut point que ses citoyens soient hostes et tiennent hostelleries, et le permet seulement ès plus abjecte du peuple, à cause que telles gens sont vicieux. Et le jurisconsulte, au tiltre *de Nundinis*, fait mention de ce qu'en dit Platon. Muret dit avoir trouvé en un livre non encorés imprimé, que les hostes sont accomparez à la fortune en ce qu'ils baillent, en commençant, de bon vin, puis en servent de mauvais. La fortune, en faisant ainsi, en livrant d'entrée à ses favoris de grands biens avec grande félicité, puis après les remplissant d'autant de malheurs qu'elle leur a départy de bonheur. La saincte Escriture mesme voulant exprimer un grand mal quand la parole de Dieu est falsifiée, altérée, méslée et corrompue, elle use de ce mot *cauponari* (être cabaretier). Et aussi il ne falloit pas, aux prémices que les anciens présentoient à leurs dieux, que les Latins appeloient *libationes*, leur bailler du vin meslé avec de l'eau, estant appelé *spurcum*, le vin pur dénotant une sincérité et un cœur sans fraude ; meslé avec de l'eau, superstition et tromperie. »

Encore Guillaume Bouchet ne s'en tient-il pas là ; le vin frelaté lui tient trop au cœur ; il n'est pas content s'il n'a pas dit à quoi on peut le reconnaître, et si, de ce nouveau paragraphe, il n'a pas fait une nouvelle invective contre les taverniers.

« Messieurs, fait-il dire à l'un de la *serée*, si vous aymez ma santé, je vous prie de m'enseigner comme je pourrai sçavoir si, en du vin, il y a de l'eau, et, s'il y en a, comme je le pourray séparer d'avec le vin, estant subject à deux maladies qui sont causées et aydées pour boire de l'eau. La plus dangereuse est l'hydropisie, la plus douloureuse la colique, qui peut venir de la mixtion d'eau et de vin, dont s'engendre un vent flatueux qui est dissipé par la chaleur du vin pur. Que si le vin pur, dissipant par sa chaleur les vents, me nuisoit en quelque autre chose, j'aymerois mieux boire le vin tout pur et l'eau toute pure que le boire meslez.

» Si ne laisserois-je pourtant de vous apprendre à cognoistre s'il y a de l'eau dans le vin, et s'il y en a, de les séparer, m'asseurant qu'estes si advisé que ne pendrez du vin que modérément si le beuvez sans eau, craignant l'hydropisie. Si vous mettez des pommes ou des poires sauvages, disoit-il, dans un vaisseau de vin, et tout va au fond, asseurez-vous qu'il y a de l'eau parmy ce vin. A défaut de pommes et de poires, prenez un baston frotté d'huyle, et si, le mettant dans le vaisseau, il retient quelque chose de ce vin, le vin, indubitablement, est meslé ; aucuns mettent le vin de quoy ils se doubtent dessus de la chaux vive, que si elle se dissoult et détrempe, c'est chose asseurée qu'il y a de l'eau avec ce vin. Que si on veut les séparer, mettez-les en un vaisseau de lierre, car le vin s'escoulera dehors, et ne demeurera que l'eau dans le vaisseau, à cause que le lierre, dont est fait ce vase, estant plein de trous, fait place au vin qui sortira, et ce qui a plus de corps se contiendra mieux dans le vaisseau, le vin ne voulant avoir nulle amitié avec l'eau, si bien que par après ne le vin ne l'eau se sentent d'aucun meslange, le vin pouvant passer à travers l'eau sans aucune mixtion de l'une avec l'autre, ce que pourrez aisément comprendre prenant deux vaisseaux de terre nommez monte-vins. »

Après cela vient le chapitre non moins important des vins mêlés, de ces mélanges effrontés que les taverniers vendaient sans vergogne pour des nectars sincères, mais qui leur valaient toujours de rudes invectives de la part des connaisseurs. Le surnom de *brouilleurs de vin* était la moindre de ces injures, et le plus accommodant de ces ivrognes se contentait de se plaindre en montrant les bourgeons de sa trogne rubiconde, floraison vineuse née de cette rosée frelatée :

> . . . . ,
> Des taverniers, brouilleurs de vins,
> Gros bourgeons avons entour nez ;
> Ce sont biens que nous ont donnés
> Les taverniers en leurs buvettes.
> Voyez nos nez bien bourgeonnez,
> N'en reste plus que les chquettes.

Ainsi parle un poete buveur dont Techner a admis les rimes avinées dans son *Recueil de facéties et joyeusetés*. Mais on ne s'en tenait pas toujours, contre les frelateurs, à ces vers moitié tristes, moitié badins ; les poetes sérieux eux-mêmes, qui, après tout, n'étaient pas fâchés d'avoir du bon et vrai vin quand, d'aventure, ils allaient à la taverne, se mêlaient aussi de ces abus et en faisaient bonne justice.

Écoutez, par exemple, comment, en son *Catholicon des mal advisez*, le grave Laurens Dumoulin nous dévoile l'adresse des marchands pour brouiller et frelater les vins :

> On trouve aussi un tas de taverniers,
> Affin que d'eux je parle pur et franc,
> Qui lescive faire sont coutumiers ;
> Meslant le vin rouge avec le blanc,
> Qui feront boire reversures aux gens
> Tels taverniers en fin sont indigents.
> Je demande, pour faire conséquence,
> A nos seigneurs messieurs les taverniers,
> S'ils trouvent point chargé leur conscience
> De brouiller vins, comme ils font volontiers ?
> Je crois que non ..

La conscience d'un tavernier ! ô brave homme ! ô poëte ! pourquoi donc en parler ? puisque, non content de frelater ton vin, il ne te donnait même pas la mesure :

> O gens pervers, en malice rusez,
>
> . . . .
> Vin éventé, vous vendez soir et main (*matin*),
> On le connoist, chascun sait votre cas
> C'est que mesure bonne ne faites pas,
> Sur deux bons pots, un mauvais aux repas
> Passe parmy

Au style près, ne pourrions-nous pas adresser reproches pareils à nos marchands de vin d'aujourd'hui, et les délégués de la régie ne retrouveraient-ils pas ici l'origine de bon nombre de ces secrets qu'ils éventent chaque jour dans tant d'entrepôts clandestins, finement, mais, hélas ! impuissamment dévoilés par mainte plume expérimentée, notamment par celle de M. Lanquetin, dans le *Journal des Débats* du 20 janvier 1845.

Pour rendre la similitude des ruses du passé et de celles du présent plus complète encore, à la honte des marchands de vin de toutes les époques, on nous permettra de ne pas nous en tenir aux citations que nous venons de faire, et d'en risquer encore quelques unes qui ajouteront à la vérité du détail.

La meilleure nous sera fournie par un manuscrit de la *Bibliothèque de la Haye*, dont M. Jubinal a tiré de très curieux extraits pour enrichir la lettre qu'il adressa à propos des richesses littéraires de cette collection à M. de Salvandy, alors ministre, sous la date du mois de novembre 1844.

Le principal personnage en jeu dans la pièce dont nous voulons parler est le seigneur Triche, dont vous comprenez le rôle d'après le nom. Les taverniers, *grands suppôts de tricheries* depuis qu'il existe un cabaret, sont, bien entendu,

ses premiers serviteurs. C'est pour Triche, c'est de par la volonté de Triche qu'ils
frelatent le vin :

Triche est tout plein de décevance
Quant il, par si fait alliance,
Tantz vin divers fait faire unir .
D'Espaigne, Guyene et de France,
Voir et du Rhyn fait la muance,
De quoy le gaign puet avenir ,
Mais s'il porra fort vin tenir,
Bien sciet del eaue fresche emplir
.. . J'auques Triche en point voldras
Conoistre, tu le conoistras
De son pyment, de son clarrée
Et de son novell ypocras,
Dont il fera sa bource crass,
Quand les dames de la cité,
Ainz qu'au moustier ou au marchée,
Vers la taverne au matinée
Venent trotant le petit pass ,
Mais lors est Triche bien paié,
Car chacun vin est essaié,
Mais qu'il vinegre ne soit pas
    Et lors les ferra Triche entendre
Qu'ils auront, s'ils veulent attendre,
Gamache, Grec et Malvoisie.
Pour faire les le plus despendre,
Des vins lour nomme mainte gendre,
Candy, Ribole et Romanie,
Provence et le Montross escrie ;
Si dist qu'il ad en sa baillie
Rivere et Muscadelle à vendre ;
Mais il la tierce part n'ad mio,
Ainz dist ce pour novellerie
Au boire dont les puet suspendre

.. Il contrefait de son engin
Du vin françois le vin du Rhin,
Voir ce que creust en tièle guise
Près de la rive de Tamise

Notre homme, qui est Anglais, on le voit de reste à son patois, continue sur
le même ton à propos des cervoises frelatées qu'on servait dans les tavernes de
Londres. Nous en parlerons quand nous serons arrivés à ces tavernes d'outre-
Manche.

Maintenant, il nous tarde de revenir aux *Serées* de Guillaume Bouchet et à
ce que nous devons y trouver encore touchant ces frelateurs, dont elles nous
ont si à propos conduit à parler.

C'est par un bon conte que Bouchet termine ce chapitre si important, et c'est
par une invective nouvelle contre ces mécréants du bien boire que son conte
entre en matière :

« Une république bien policée devroit surtout punir ces brouille-vins !

» Pleust à Dieu, répliqua un bon drôle, qu'ils fussent aussy bien chastiez que celuy dont je vous vais faire présentement un petit conte : J'estois un jour, disoit-il, en une taverne avec aucuns miens voisins; il arriva, ainsi que nous beuvions, que je vay apercevoir nostre hoste qui portoit deux seaux tous pleins d'eau en sa cave, et deux aultres pleins de vin que portoit son valet. Tout sur l'heure, me mestant à la fenestre, je crie à pleine teste : Au feu ! au feu ! aussi effroyablement que le petit bossu de Turc qui routissoit le gentil Panurge crioit : Dalbaroth ! Dalbaroth ! Toute la ville fut incontinent esmue, craignant le feu, à cause que c'estoit vers le soir, tellement que la taverne se trouva pleine de toutes sortes de gens. Les uns y apportant de l'eau, comme contraire au feu, les autres de l'huyle, le feu estant aucune fois si grand, que l'eau, à cause de sa frigidité, ne peut pénétrer jusque là où est la nourriture du feu, mais l'huyle, qui est lente et crasse, ne s'escoulant pas si aisément, estoupe et assopist ce qui nourrist le feu ; les austres apportoient du vin aigre, estant, par sa grande frigidité, du tout contraire au feu, et, par sa ténuité, pénétrant où l'eau ne l'huyle ne peuvent pénétrer. Le peuple entrant en la chambre où nous estions, et ne voyant ne feu ne fumée, nous demande où estoit le feu. Tout enroué d'avoir si crié au feu, je leur respons qu'il falloit bien qu'il feust en la cave, et là trouvent le tavernier avec son valet qui mettoient de l'eau dans le vin et brouilloient tout. Alors, l'un leur jette son eau et son seau à la teste, l'autre son huyle, l'autre son vin aigre, si bien que peu s'en fallust qu'ils ne fussent noyez et assomez de coups. Nostre hoste esbahy de voir tant de gens en sa cave ; et si ne laissèrent pas après à le trouver, et si bien le pelauder, qu'il garda le lit plus de six mois après. Et quand il en voulust informer, il ne trouva sergent, ni procureur, ni advocat, ni juge qui voulussent estre pour luy.

» Qui voudroyt estre aussy pour ces gens-là, adjoutta celuy qui avoit fait ce conte, qui non seulement marient le puys à la cave, mais, pour habiller leur vin, mettent dans les tonneaux des choses qui nuisent grandement à nostre santé, comme de la semence de éruca, du soufre, de l'eau de mer cuite, du miel, de la résine, du lait de vache et de la chaux, du sable, des œufs. Quelqu'un prenant la parole va dire que de là estoit venu ce qu'on dist : c'est un ris de l'hostelier, il ne passe pas le bout des dents, où plustost des lèvres, car je ne sçay pas de quelle partie on rit. Et à la vérité, disoit-il, comment est-ce que ceux qui gastent ce que Dieu a fait, pourroient rire à bon escient, et du bon cœur, et contre leur conscience ? »

Tous les fois qu'en faisant ses *Contes*, G. Bouchet trouve sous sa main un hôte ou un tavernier, c'est toujours pour le dauber ainsi d'importance en racontant de lui quelque friponnerie nouvelle. En une seule occasion il se départ de cette verve railleuse, il rend justice à l'action honorable d'un hôtelier : encore ne prend-il pas cette histoire dans ses souvenirs, pas un hôte de son temps n'étant assez honnête homme pour mériter mention pareille, c'est dans l'historien Cedrenus qu'il trouve l'anecdote ; or, cachée ainsi dans un recoin de la *Byzantine*, elle peut presque passer pour une fable, et G. Bouchet ne crie pas trop fort qu'elle n'en est pas une en effet. Quant à nous, elle nous semble telle, et d'autant mieux, qu'un conte courant depuis des siècles dans nos traditions, l'*Histoire du chien de Montargis*, nous paraît, à peu de chose près, avoir été copié sur elle.

On en va juger par la version qu'en donne G. Bouchet dans sa *Septième sérée : Les chiens.*

« Cedrenus raconte qu'un hostelier trouva un passant mort qu'on avoit volé et tué, ayant son chien auprès de luy qui le gardoit. Cet hòste, meu de pitié, fit enterrer ce mort, le chien le gratifiant, se donne à luy et le suit, demeurant avec luy en l'hostellerie. Il arrive qu'un jour le meurtrier de son maistre arrive là dedans pour loger ; ce chien lui saute au visage, ayant accoustumé de faire bonne chére aux autres hostes. Cela donna si grande présomption à l'hoste qui avoit faist enterrer le maistre du chien que ce brigand estant prins fut convaincu d'avoir fait le meurtre et condamné d'estre roué. »

Faits pareils ne sont pas communs dans l'histoire des hôtelleries. Nous y trouverons plus souvent un hôte voleur et assassin qu'un hôtelier vengeur de gens assassinés. La funeste réputation que les aubergistes du xvi° siècle s'étaient en cela acquise, comme dignes successeurs de tous ceux que nous avons rencontrés sur notre chemin depuis l'époque des Romains jusqu'à celle-ci, fut cause qu'en certaines circonstances, on les prit pour les auteurs de crimes qu'ils n'avaient pas commis, et qu'on les envoya au supplice comme de vrais coupables, bien qu'ils fussent innocents.

Les époux Henry Bellenger et Catherine Cordier, dont la cause criminelle eut tant de retentissement la dernière année du xvi° siècle, durent tous leurs malheurs à une erreur de justice, basée moins sur la vraisemblance des faits que sur cette fatale renommée qu'avaient les aubergistes de tenir non des auberges, mais des *coupe-gorge* où ils faisaient eux-mêmes fonctions d'assassins.

Un soir du mois de février 1599, un étranger se présente chez eux, on lui donne l'hospitalité qu'il demande, et le lendemain il se retire.

A peu de jours de là, ce même étranger, qui se nommait Jean Prost, disparaît, et l'on cherche vainement sa trace. Enfin, après de nombreuses et longues perquisitions, on retrouve son cadavre gisant au loin. Le malheureux avait été assassiné.

La prévôté informe. On apprend que Jean Prost a logé, peu de jours avant sa mort, chez les époux Bellenger, et, comme, par une fatalité qui tenait un peu aux habitudes larronnes des hôteliers, ceux-ci avaient profité de l'absence du voyageur pour mettre la main sur les hardes et l'argent qu'il avait laissés dans sa chambre, on les mit sans désemparer en prison ; on les crut assassins parce qu'ils étaient voleurs. Le délit que constituait le larcin de cette *épave* fit croire au crime de meurtre dont on les accusait.

La mère de Jean Prost, Sébastienne Domenchin, activa, par ses démarches, les rigueurs de la justice. La cause s'instruisit et des charges accablantes s'amoncelèrent contre les deux époux. Traînés dans les cachots du Châtelet avec une de leur servante, accusée de complicité, on les soumit tous trois à une longue captivité ; on leur fit subir toutes les tortures atroces de la question ordinaire et de la question extraordinaire ; enfin, leur exécution allait mettre le comble à tous ces supplices préliminaires, quand une révélation, on peut le dire miraculeuse, vint les sauver, en faisant connaître le véritable coupable.

Un voleur de grand chemin nommé Jean Bazana, et qui n'était pas sans doute autre chose, son nom le donnerait à penser, qu'un de ces aventuriers italiens ou espagnols qui infestaient alors les grandes routes, fut arrêté par la maréchaussée ; son procès étant fait, on le conduisait à la potence, quand il fit les plus complets aveux pour tous ses crimes passés et présents. C'est alors qu'on apprit qu'il était seul, et sans aucun complice, le meurtrier de Jean Prost.

L'accusation contre les époux hôteliers et contre leur servante tombait d'elle-même ; la porte de leur cachot s'ouvrit en effet, mais les tortures de la question leur avaient disloqué les membres ; ils étaient innocents, et pourtant, par suite des rigueurs d'une justice trop hâtive, ils devaient rester infirmes toute leur vie. Qui donc subviendrait à leurs besoins ? N'allaient-ils être rendus à la liberté que pour tomber dans une misère injuste ? C'était au tribunal d'implorer pour eux de la munificence royale quelque bienfait les vengeant des maladresses de la justice ; il n'en fut pas ainsi, on ne leur accorda qu'une chose, le droit d'actionner devant les juges la mère de la victime, cette malheureuse Sébastienne Domenchin, qui, par un sentiment bien naturel, s'était montrée si ardente à obtenir justice du meurtre de son enfant, et avait ainsi contribué, sans le vouloir, aux tortures subies par les époux Bellenger. Certes ces malheureux méritaient un dédommagement de leurs souffrances, mais ce n'était pas à la mère de la victime à le leur accorder ; en les accusant, elle n'avait fait qu'invoquer le droit de sa douleur et de son deuil. Elle s'était trompée en faisant frapper des innocents, mais la justice, qui agissait pour elle, devait, avant de porter ses coups, éclairer son implacable accusation ; avant d'exercer ses sévices, elle devait ne céder ni à l'évidence de certains faits, ni à l'éloquence trop intéressée des plaintes d'une mère voyant partout des coupables et criant vengeance.

Le tribunal appelé à juger cette cause singulière en décida ainsi : les époux Bellenger n'obtinrent rien de Sébastienne Domenchin.

La cause des deux hôteliers fut pourtant éloquemment plaidée par mestre Anne Robert. On remarqua entre autres choses, dans son plaidoyer, qui est

demeuré célèbre, le récit qu'il fit d'un meurtre à peu près semblable à celui de
Jean Prost, et dont une même erreur de justice avait été la conséquence.

« Un historien moderne, qui a recherché les singularités de l'histoire de
Venise, récite une aventure approchante de nostre faict. Fuscarus, fils d'un
duc de Venise, avoit inimitié mortelle et capitale avec un autre gentilhomme
vénitien nommé Hermolaus Donat. Ce gentilhomme se trouva mort, sans sçavoir
l'auteur du meurtre; Fuscarus, sur le soupçon de l'inimitié, est mis en justice,
condamné et envoyé en exil, où il mourut de regret de se voir chassé de son
pays. Advint, trois mois après sa mort, qu'un voleur fut exécuté, lequel, à
l'échelle, entre autres crimes, confessa que c'estoit lui et non Fuscarus qui avoit
commis le meurtre de ce gentilhomme vénitien. En tels et semblables incon-
vénients, seroit-il raisonnable de donner une impunité à celui qui a esté ca-
lomniateur en effet, soit que la malice, soit que l'imprudence l'ait conduit à
cette calomnie? »

Et mestre Anne Robert part de là pour dire que Sébastienne Domenchin,
elle aussi, a été calomniatrice envers les époux Bellenger, et qu'elle doit réparer
à leur égard le tort des sévices qu'elle a excité la justice à leur faire subir.

« Qui doute, dit-il, s'emportant trop loin, sans songer que c'est d'une mère
en deuil qu'il parle, qui doute que les pleurs et les larmes malicieuses de cette
femme ont esté de fausses adresses et des inventions suffisantes pour surprendre
la prudence des meilleurs juges, qui, au milieu de la nuict, c'est-à-dire en l'ob-
scurité d'un crime occulte, ont suivy la route des formes ordinaires de la justice? »

Il est plus vrai, il est plus éloquent quand, invoquant le souvenir des tortures
souffertes, il s'écrie :

« Vous estes cause du cruel traitement que le demandeur a souffert en la
question, mais vous dites que c'est par imprudence et sans malice; à tout le
moins, par une condamnation de dommages et intéretz, suppléez quelque récompense pécuniaire, pour subvenir à la misère de ce pauvre homme et lui aider
à traîner le reste de sa vie languissante après tant de tourments. Et si cette
femme vous représente la piété et les regrets d'une mère, imaginez-vous, messieurs, les misérables gémissements de cet innocent au milieu de la cruauté
d'une question ordinaire et extraordinaire, n'ayant lors autre sentiment que de
ses douleurs, en une heure mille morts sans mourir. Un corps gehenné, tirassé,
demi-deschiré, les nerfs séchez et roidis, les membres froissez et fracassez,
avec un effroyable traictement du reste du corps, lié, tiré, misérablement es-
tendu. Et, à dire vray, c'eust esté à ce pauvre homme un grand heur de mourir,
car ce qui lui reste n'est plus un corps entier, ce sont pièces disloquées et dis-
jointes, membres desrompus, estropiez et affoiblis, ayant à présent le corps
resduit en tel estat et en telle misère que mal aisément désormais il pourra,

au travail de ses bras, gaigner la vie de lui, de sa femme et cinq enfants. C'est la clameur et les plaintifs gémissements de ces pauvres petits enfants, dont la voix pénètre au ciel, et la plainte en vient jusqu'à vous en ce lieu, pour vous esmouvoir en pitié. Luy cependant se voyant misérable en son corps, et sa famille réduicte à la mendicité, vit et meurt tout ensemble. Celuy est une peine qui tousjours renouvelle et une mort qui jamais ne prend fin. »

Dans cette émouvante péroraison, maître Anne Robert n'oublie qu'une chose, c'est que le vrai coupable en toute cette affaire, ce n'est pas cette mère qui pleure et qu'il faut vénérer à cause de son ardeur même à demander le supplice de ceux qu'elle croit être les assassins, le vrai coupable ici c'est la loi barbare qui commande les tortures, cette loi qui frappe avant d'avoir condamné, et qui, une fois de plus, par ces souffrances de trois innocents, vient de prouver sa cruelle absurdité.

La matière était belle pour plaider contre la question et pour devancer, par d'éloquentes paroles, la généreuse, mais si tardive mesure inspirée à Louis XVI par M. Hue de Miroménil, l'abolition de la torture. Maître Anne Robert manqua l'occasion d'anticiper ainsi sur le bienfait du roi philanthrope. Le président Louis Servin, qui résuma les débats, ne la saisit pas davantage. C'est d'autant plus à regretter que ce résumé de la cause est un morceau vraiment remarquable, une digne réponse à la belle plaidoirie d'Anne Robert.

Les faits s'y trouvent relatés avec une éloquente lucidité et avec plus d'un détail que nous avons omis. Il sera donc utile de citer encore quelques passages de ce morceau.

« Or, dit Louis Servin, d'une part mestre Anne Robert vous a représenté au vif la misérable condition de Bellenger et de sa femme, naguères accusés, maintenant demandeurs, comme ils ont été poursuivis en Chastelet, jugés, appelants, condamnés par arrest, le mari mis aux tourments, la question présentée à la femme et à la servante ; bref, toute la famille mise en trouble par l'accusation d'un horrible crime d'assassinat prétendu commis en la personne d'un hoste, crime duquel Dieu a fait connoistre par la révélation de l'assassin que les âmes et les mains de ces pauvres gens sont innocents... Le mary accusé en ce parlement, et non accusé tant seulement, mais jugé et tourmenté au corps et en l'esprit, vient aujourd'huy en jugement, comme un homme ressuscité par l'innocence, amène sa femme avec lui, et dit contre l'accusatrice, que celuy qui calomnie son prochain ressemble au faux témoin, qui est comme le marteau, l'espée et la flesche aigue ; quoi qu'il soit nay pauvre et misérable, que néantmoins il est de vie pure et innocente ; que son âme et celle de sa femme n'est moins précieuse devant Dieu que celle des plus riches ; qu'ils n'ont fait tort à personne ; qu'ils ont vescu contents en leur pauvreté, pauvreté don singulier de Dieu et mal cogneu des hommes : et néantmoins qu'eux pauvres et innocents ont été affligez, mille peurs lui ont saisi le cœur, la vie du mary fut mise en péril, et celle de la femme, le fils ouy contre le père, toute la famille diffamée; la crainte de perdre crédit, d'avoir tous les jours mauvais, n'avoir plus moyen de gagner sa vie, n'oser plus se montrer; les fascheux ennuis d'une triste prison, privation de lumière, détention et gouffres homicides, de cachots obscurs… Question baillée au mary, présentée à la femme, tout danger, toute angoisse, les yeux ternis, l'âme accablée, appréhension de nudité, de faim, de mort, et de mort ignominieuse… Ils demandent aujourd'huy ce que demandoient les hommes tourmentez injustement en la justice d'Athènes, que l'autel de la miséricorde fust paré d'un monument portant déclaration de leur innocence Ils prétendent une réparation contre l'accusatrice… »

Cela dit pour la cause des demandeurs, mestre Servin, en juge intègre, ajoute avec non moins d'éloquence, dans l'intérêt de la défenderesse, à qui l'on fait un crime de son trop d'ardeur à chercher les assassins de son fils :

« Ceste pauvre mère estoit en peine, elle cherchoit son fils et ne le trouvoit, fils qui estoit homme simple, à qui il estoit aysé de faire tort, car il estoit tout seul, il avoit de l'argent, il le laissoit en sa chambre, il tendoit aux larrons; son hoste et son hostesse y ont mis la main, ils ont laissé entrer des hommes à sa chambre, hommes qu'ils ne connoissent. Qu'est-ce que la mère pouvoit penser après cela? N'avoit-elle pas raison de dire qu'on l'avoit tué?

» Peut donc, ceste pauvre mère, soustenir avec raison qu'il ne faut avoir esgard à la faute des demandeurs sous ombre de leur basse condition. Car, pour une pièce de pain, ils eussent commis forfait, puis qu'ils ont touché à l'argent d'un hoste qui se fioit en eux.

» Ce sont les moyens par lesquels la pauvre deffenderesse peut dire qu'elle n'a intimé une accusation pour laquelle on puisse l'arguer de calomnie. »

Maître Servin conclut ainsi :

« Doncques, pour faire fin à la misère des demandeurs telle qu'elle fut à celle de Joseph, la cour s'il luy plaist ayant esgard aucunement à leur requeste, les mettra en liberté en les déclarant innocents du crime d'hospitalité violée et assassinat dont ils ont esté accusés, sans néantmoins leur adjuger aucune réparation, despens, dommages et intérets contre la deffenderesse, puis qu'elle n'est pas, ne peut estre jugée calomniatrice.

» Ainsi chacune des parties obtenant ce qu'elle doit espérer par la raison, l'authorité demeurera aux choses jugées… »

Et selon nous, ces conclusions étaient aussi bonnes qu'on pouvait les espérer alors; l'arrêt rendu les consacra. La justice consentit à ne pas se souvenir du vol que les époux Bellenger avaient commis en s'emparant des hardes abandonnées de Jean Prost, et cet oubli, qui devait coûter à sa rigueur, dut, en les graciant d'une peine méritée, leur être comme un dédommagement, bien faible il est vrai, de celles dont une fatalité judiciaire de l'époque leur a fait subir les tortures anticipées.

De tout cela il résulte qu'il pouvait se trouver des hôteliers innocents du crime d'assassinat, mais innocents du crime de vol, jamais.

Ceux même qui eussent pu comparaître devant le Châtelet sous le coup de l'une et de l'autre accusation sans mettre la justice en état de faillir, comme pour les époux Bellenger, formaient, je crois, le plus grand nombre. Encore oublié-je les autres petits délits de *receleurs,* *entremetteurs*, etc., qui compliquaient d'ordinaire, pour tout hôtelier incriminé, ces accusations fondamentales. Je ne parle pas non plus de certains méfaits dont, plus que personne, ils se rendaient coupables en temps de trouble, leurs vrais jours de triomphe et de bombance à eux.

Du reste, pour qu'on juge de leur art en toutes ces mauvaisés industries, nous allons glaner quelques faits dans les *Mémoires de Pierre de l'Estoile.* Voici ce qu'on y lit sous la date de décembre 1589 :

« En cest an 1589, sept jours après la mort du très chrestien roy Henri troisième, roy de France et de Polongne (comme Dieu est juste et admirable en toutes ces précédures et jugements), l'un des plus meschans séditieux et ligués larrons de Paris, nommé François Perrichon, tavernier et capitaine du quartier de l'école Saint-Germain l'Auxerrois, tua un autre ligueux son compagnon, nommé Muteau apparanté et soustenu des principaux ligueux de Paris ; lesquels poursuivirent si vivement et animeusement la justice de ce meurtre, que combien que ledit Perrichon fut des plus grands ligueux de Paris, porté et appuyé des Seizé, comme ayant barricadé le feu roy de plus près, et jusques à la porte de sa maison du Louvre, ce néantmoins, au rapport de maistre Hiérosme Auroux, conseiller en la grant chambre, fut condamné à estre pendu et estranglé. Ce qui fust exécuté le 9 aoust de cet an 1589, au quel jour nous le vismes pendre M. Sebilet et moy, au carrefour devant le Châtelet, estans sortis de la conciergerie deux jours auparavant, où nous l'avions veu amener et crier après nous *aux Politiques!* disans qu'il nous falloit tous pendre. »

A deux ans de là, le dimanche 3 mars 1591, un autre meurtre fut commis par un tavernier, non plus sur la personne d'un confrère, mais sur celle bien plus considérable d'un gouverneur de l'Arsenal. L'affaire, fort curieuse, se complique de l'un de ces cas de *maquerellage* qu'on retrouve si fréquemment quand on étudie les mœurs des taverniers de ce temps-là ; mais ce qui la rend plus piquante, ce sont les détails du marché, la vente de la fille, dont le prix payé par le tavernier est nié par le gentilhomme. Celui-ci ne veut plus d'argent, mais la fille même qu'il a cédée, et, en fin de compte, il n'obtient du cabaretier ni la fille ni la somme, mais un bon coup d'épée dont il meurt.

« Ce jour, dit l'Estoile (dimanche 3 mars 1591), mourust Selincour, un des gouverneurs de l'arsenail à Paris, qui avoit été blessé de sa propre espée le dimanche 3 de ce mois, par un marchand de vins nommé Levasseur, à raison de quelques meubles qu'avoit le dit Vasseur au dit Selincour appartenans, dont il voulut que l'autre lui fis restitution. Mais le principal fondement de leur querelle était une *garse* que Selincour avoit vendue au Vasseur; et disoit le dit Vasseur en avoir payé à Selincour quatre cens escus, lorsqu'il se maria à la veufve Yver, contrôleur de la chancelerie de Paris. Laquelle estant morte, le dit Salincour vouloit ravoir sa garse, ce que l'autre refusoit faire, si on ne lui rendoit préalablement son argent. Querelle digne du temps. »

Si ce ne sont des taverniers que nous trouvons prêtant la main à tous les mauvais coups de cette époque de meurtre et de guet-apens, ce sont gens de la même espèce, teneurs de lupanars et de tripot. De ces derniers, l'Estoile en cite un, le nommé Becquet, qui prend part à l'assassinat du marquis de Megnelet, comme il nous avait indiqué tout à l'heure ce damné Perrichon, émeutier enragé, professeur de barricades à la barbe de Henri III, bloqué dans son Louvre. Si nous cherchions bien de notre temps, nous trouverions encore les marchands de vin et leurs garçons au premier rang des recrues de l'émeute. La déportation en fait justice aujourd'hui, alors c'était la pendaison. Nous avons vu celle de Perrichon, l'Estoile va de même nous faire assister à celle de Becquet.

« Le mercredi 4 (mars 1594), Becquet fut pendu et estranglé devant le Louvre à Paris, pour avoir assisté au meurtre commis en la personne du marquis de Megnelet, à la Fère, qui néantmoins n'estoit encores réduitte. M. Levoix, conseiller en la grant chambre, lequel il avoit emprisonné et mal traité pendant la ligue, aida fort à ceste exécution, et fut cause en partie de le faire pendre. »

Les teneurs de tripot, comme l'était ce Becquet, qui, sous prétexte de donner à jouer à la paume, ouvraient leurs maisons à toutes sortes de désordres, passaient pour d'aussi dangereux drôles que les taverniers et les hôteliers. Cela est si vrai que, par l'article 535 de la *Coutume de Normandie*, il ne leur était pas accordé, plus qu'à ces derniers, d'action en revendication contre les gens qui avaient pu contracter dettes chez eux. Jugez par là combien ils devaient être âpres au paiement, avec quelle ardeur ils devaient prendre, fût-ce même en nature, ce qui leur était dû : à celui-ci sa cape, à cet autre son feutre, etc., puisqu'enfin il fallait être payé sur place ou se résoudre à ne pas l'être du tout. Cette avidité du cabaretier s'acquittant de sa créance sur ce que possédait la pratique sembla encore coupable à la loi. Elle vit dans son assouvissement un énorme abus à réprimer ; car, de cette manière, des familles entières couraient risque d'être dépouillées, tout ce qui était dans un logis d'ivrogne pouvant, en dépit des besoins de la femme et des enfants, passer de la main du mari buveur dans celles du cabaretier.

Défense fut donc faite au tavernier de rien acquérir par cette voie d'acquittements forcés.

L'article 361 de l'ordonnance du roi Henri III , donnée à Paris au mois de mai 1579, le stipula ainsi :

« Deffendons... aux dits taverniers et cabaretiers de faire aucunes acquisitions pour debtes et tailles de despense de bouche faicte en leurs tavernes et cabarets, pour pain, vin et autres denrées par eux fournies, sur peine de nullité des contrats. Et à tous notaires de passer tels contracts sur peine d'amende arbitraire. »

Cette législation était des plus rigoureuses ; aussi Boucher d'Argis , qui commenta l'ordonnance , s'en étonne, au point d'ajouter en note : « Les anciens commentateurs ne rendent aucune raison de cette prohibition rigoureuse , et les lois romaines, qui renferment un grand nombre de dispositions contre les hôteliers, n'en contiennent point de semblables. Il paraît, en effet, bien extraordinaire d'enlever à celui qui a pu faire des avances considérables pendant une longue suite d'années le droit d'une compensation légitime , et la faculté de se faire rembourser en acquérant sans fraude l'héritage de son débiteur ; mais il y a lieu de présumer que législateur a voulu sagement prévenir l'abus des crédits, dont la dangereuse facilité, offrant à l'ivrognerie et à la débauche un appât ruineux, n'étoit qu'un piége adroit dont les cabaretiers se servoient pour envahir le patrimoine de ceux qui fréquentoient leur maison ; et cette opinion , que nous croyons pouvoir présenter, doit mériter quelque confiance , quand on compare l'article 361 de l'ordonnance de Blois , avec l'article 128 de la coutume de Paris, qui refuse aux cabaretiers et taverniers *toute action pour vin ou autres choses par eux vendues en détail par assiette en leur maison*. La coutume de Normandie , celles de Melun et d'Étampes , ont des dispositions semblables. »

Voilà donc ce que nous disions plus haut, des prescriptions de la coutume normande, dûment justifiée. Mais ces mesures sont vaines. Rien ne pouvait empêcher l'hôtelier ou le cabaretier de se payer sur les effets de l'hôte, quand il ne pouvait se payer sur sa bourse. Il faisait happer par un de ses valets le feutre ou le manteau, les envoyait vendre, et palpait l'argent. N'étant ainsi nanti d'aucune harde, mais bien de son prix, il n'enfreignait pas la loi.

Nous avons pour exemple de pareils faits l'histoire lamentable d'un jeune soudard qui fut ainsi dépouillé par un hôte qu'il n'avait pu payer , et qui , de désespoir, finit par se donner la mort. Cette triste aventure, qui avait lieu au temps à peu près où était rendue l'ordonnance citée tout à l'heure, et pour laquelle elle est un amer démenti, a été mise en vers par un rimeur de l'époque, Claude Mermet ; nous allons donner son récit un peu émondé. La vie de l'hôtellerie au xvi⁰ siècle s'y développe dans toute sa curieuse vérité.

CAS

MERVEILLEUX D'UN JEUNE SAOUL D'ART (sic),

lequel (après avoir mangé son cheval) s'est planté son espée au travers du corps.

Dans la ville, un jour, sur le tard,
Arriva un brave saoul d art,
Sur un cheval courant la poste,
Et s'en va loger chez un hoste,
Où il fust servy et traité
Honnoré, chery, respecté,
Comme doit estre un gallant homme,
Portant d escuz quelque grand'somme
Il estoit vestu bravement,
Ayant tousjours l'habillement
D un jeune qui a prime teste,
Mais homme de bien quant au reste
Il disoit qu'il avoit le soin
De desloger pour aller loin :
Mais sentant sa bouche friande,
La table pleine de viande,
Les pots et verres (sans raison)
Tous remplis de vin de Couson,
Vin d'Abas et vin de Bourgoigne
(Cuidant fol qui d'iceux s'esloigne),
De Millery, de Saincte Foy,
Il fut si à la bonne foi,
Voyant les marchands tant honnestes
Qui la mangooyent les allouettes,
Grives, perdrix et gras chapons,
Boudins, saucisses et jambons,
Qu il ne sçavoit trouver maniere
De ce lieu se tirer arriere
Toujours tenoit propos humain,
Sans avoir soin du lendemain.
Il devisoit bien de la guerre,
Qui se fait par mer et par terre,
Mais il ne se souvenoit rien
De dire à son hoste combien
De chère si bien ordonnée
Il faisoit payer par journée :
Il ne luy challoit de compter
Que ses despens pourroyent monter.
Il avoit toujours la manière
D'accoster quelque chambriere,
Cherchant passe-temps et délit,
Ou en allant faire le lit,
Ou, en quelque coin de chambrette,
Quand il la rencontroit seulette,
Quelque petit coup la baisoit,
Ou d'autre chose la pressoit.

Il s'en alloit boire d'autant,
La chambriere muguettant,
Avecque son escharpe verte,
Quand il trouvoit la cave ouverte.

Mais il changea tantost propos
Quand il fallut faire son compte
L'hoste luy demandoit (sans honte)
Dix escuz, arrestant marché.
Ha, dit-il, je suis bien fasché,
Je ne trouve rien en ma bource,
Et si l'ai par trois fois secousse.
Et l'hoste lui disoit tousjours :
Je vous ay nourry vingt jours
Céans, vous et vostre monteure,
Mais vous payerez à ceste heure.
Le saoul d'art dit : C'est bien raison,
Quand je serai dans ma maison.
Je vous manderay, sans doubtance,
La somme et vous ferez quittance
En bonne forme au messager ;
Vous n'aurez point d'escu léger,
Vous aurez une pleine manche
De souls et de monnoye blanche.
Comment ! seriez-vous tel garçon
De payer en ceste façon ?
Dist l'hoste Devant que l'on sorte
Ce gentil cheval par la porte
·Du logis, je seray payé
Vous n'avez que trop delayé.
Allez-moy appeler la crie,
Varlet, qu'on mène à l horberie
Le cheval, pour estre vendu
Somme, c'est assez entendu.
N'oublie selle ny croupiere,
Et (a ma requeste et priere)
Que le dernier ancherisseur
Soit de ce cheval possesseur.
Et n'ayons pas tant de dispute :
Laschez là ceste haquebute,
Je seray payé tout comtant.
Lors le saoul d'art (en se grattant
D'une bonne grâce la teste)
Dit ainsi : La mauvaise beste
Qu'un lyon quand on luy faict tort :
Il est dispos, agile et fort,
Il est raisonnable et non traitre,
Mais il ne veut jamais permettre
Qu'on luy face quelque tour gent,
Sinon à beau jeu, bone argent.
Quand je n'avoy cheval ny mule,
Sans argent, gage ny cédule,
J'ay prins mille et mille repas,
Estant en ce bon pays bas :
Au Daulphiné (bonne province)
J'estois respecté comme un prince,
Chacun me presentoit son bien
Pour en user comme du mien ;
Il ne se parloit que de prendre.
Ores, il faut mon cheval vendre.
Ha ! qu'il ne se fust pas vendu,
Si j'eusse le pair entendu
Sur cela le varlet vint dire

Qu'il ne se trouvoit tout au pire,
Du cheval avec ses harnois,
Que vingt et cinq livres tournois.
Eh bien, dit l hoste, l'arquebuse
Fera bien encore l'excuse,
Avec son gentil fourniment,
Pour achever le payement
Varlet, fais que le crieur ouvre
Le ressort et vende la pouldre
Pour en payer le vin muscat
Que beust le saoul d'art délicat,
Dernierement, jour de feste,
De quoy il doit encore feuillette
Fais que toute la somme y soit :
Et le compagnon qui pensoit
Avoir ses despens à créance,
S'en ira froid à pied sans lance.
Or, le jeu fut si bien joué,
Que mon saoul d'art fut desnué
De son cheval, de son armeure ;
Après quoy ne fist grand demeure
Au logis, n'ayant point d'argent.
Il fut encor si diligent,
Qu'il s en va (portant son espée
Tenant tousjours bonne pippée)
Accoster un cabaretier
Qui, vendant vin, faisoit mestier
D acheter hardes et les vendre.
Lors le saoul d'art lui va semondre
Son espée pour l'achetter.
Cet hoste la, sans contester
Luy baille un escu de l'espée
Toute neufve, fresche dorée.
Le saoul d'art serre son escu,
Disant : Or je me voy vaincu,
Par perte de cheval et d'armes,
Jusqu'à en jetter chauldes larmes :
Par force je seray records
De me planter l'espée au corps.
En pain, en vin, et en viande,
De petit prix et peu friande,
Mon cheval tout vif j'ai mangé,
En volaille et pastez changé,
Chez l'hoste qui me l'a fait vendre.
A chacun veux-je faire entendre
(Comme à ceste heure je l'entends)
Que ceux qui prennent le bon temps,
Demeurans en l hostellerie,
Mengeans la bécasse rostie,
La poullaille, le coq farcy,
La perdrix, et la caille aussy,
Les longes de veau, les ruelles,
Les pigeons et les tourterelles,
Voire les petits passereaux,
Y mangeront leurs chevaux,
Leurs harquebouzes, leurs espées,
Leurs robes simples et fourrees,
Leurs vignes, leurs prés, leurs maisons,

Il n'y a rithme ni raison
De s'aller fourrer chez un hoste
Sans marchander combien il coste ;
Encor ny fault (sans nul flatter) .
Que le moins qu'on peut arrester.

Nous avons eu rarement occasion de citer d'aussi longs récits rimés ; mais, comme l'histoire est curieuse, les détails piquants et faisant tableaux, les vers d'ailleurs d'un tour qui ne manque ni d'esprit ni de franchise, on nous pardonnera sans peine notre citation.

Le recueil des poésies de Mermet est assez rare, et comme ce n'est pas là la seule pièce qui s'y trouve être de notre ressort, nous allons, puisque nous avons le bonheur de le tenir en main, le mettre encore à contribution.

Il s'y rencontre surtout un morceau fort intéressant pour nous, en ce qu'il est le portrait complet d'une hôtelière de l'époque. C'est celui que Mermet intitule : *D'une bonne hôtesse !* Nous en tenons donc une enfin, allez-vous dire. Halte-là ! notre poéte est gausseur : je crois l'hôtesse modèle qu'il nous donne pour tout à fait imaginaire, tandis que les drôlesses d'hôtelières sur lesquelles il daube d'importance, sous prétexte de faire son éloge, étaient bel et bien vivantes ; vices bien portants en chair et en os. C'est un tableau par antiphrase, un portrait ironique, montrant moins ce qui est que ce qui ne devrait pas être. Il n'en est, du reste, que plus piquant.

D'UNE BONNE HOTESSE.

Une femme de renommée
Sous ceste pierre est enterrée.
Elle a plus aimé en son temps
L'homme que les escus comptans
Depuis l'âge de la jeunesse,
La bonne femme fut hôtesse.
Elle logeoit de bons marchans,
Et fermoit la porte aux meschans ;
Ell' ne cherchoit servante belle
Pour en être la maq . elle ,
Elle ne vouloit, à grand tort,
Acheter aucun poisson mort,
De peur d'envoyer en la fosse
Ceux qui en mangeroyent la sausse.
Ell' faisoit payer seulement
Ce qu'on dépensoit justement ;
Elle se contentoit, discrète,
En tout temps d'un profit honneste.
Elle respectoit selon Dieu
Son pauvre mary en tout lieu
L'on connoissoit à sa vesture
Quelle estoit sage créature ;
Elle avoit son habillement
Garny d'un simple passement ,

Elle ne fardoit son visage,
Pour se montrer plus jeune d'âge,
Elle ne portoit tortillon
Fait en aisle d'émerillon
Ou de faulxcon, mauvaise beste,
Père du cocu deshonneste;
L'on voyoit sous son couvre-chef
Grisonner le poil de son chef;
Ell' ne portoit en nulle sorte
Les cheveux d'une teste morte,
Elle avoit toujours sur le cœur
La crainte de quelque moqueur.
Elle ne portoit dans sa boete
De musc ambre gris ny civette,
De peur qu'on n'eut dit sans raison
Qu'elle sentoit la venaison :
Ell' faisoit, comme charitable,
Maint pauvre disner à sa table.
Elle estoit prompte à secourir
Les gens qui s'en alloyent mourir :
Si elle fut pauvre en ce monde,
Elle est là ou tout bien abonde.
Ses hoirs ne pourront par excès
Dissiper ses biens en procès :
Ell' n'a laissé autre héritage
Que le nom d'une femme sage
Qui a bien cinquante ans vescu,
Sans mettre de reste un escu.
Elle a esté si vertueuse
Qu'elle est maintenant bien heureuse.

Si nous voulions trouver un digne époux à cette hôtesse modéle, nous ne pourrions le rencontrer vraiment pareil, c'est-à-dire, avouons-le, tout aussi imaginaire que dans les œuvres de maistre Roger de Collerye. Cet hôte merveilleux, si digne de cette merveilleuse hôtesse, c'est maître Huguet Taillant, qui, en son vivant, était *hoste de la Monnoye à Ausserre.*

Pas un homme qui le valût aux yeux de Collerye, et ce suffrage devrait déjà lui tenir lieu d'un immense éloge. Si, dans une fête où se trouvait le gai chanoine, Taillant n'avait pas fait chorus à une ballade, la ballade ne valait rien ; applaudi à une saillie, la saillie était mauvaise. C'est l'opinion de Taillant qui faisait loi pour le bien rire et le bien boire, et qui consacrait tout. Aussi, après une bombance où tout s'était bien passé, maître Roger écrivait-il à la fin des vers qui en célébraient la gloire :

Les jeux d'amour y furent approuvez
Du dict Taillant et de sa chambrière.

Quand il mourut, maître Roger lui devait une belle complainte, ou tout au moins une belle épitaphe. Il ne manqua pas cette dernière, et c'est là que nous trouvons ce pendant tant désiré pour le portrait de la bonne hôtesse de Claude Mermet :

ÉPITAPHE DE FEU HUGUET TAILLANT, HOSTE DE LA MONNOYE,

À AUSSERRE

Cy gist le bon honorable Huguet,
En son seurnom Taillant bien renommé,
Qui, en son temps, ne feist jamais le guet
Aux amoureux qui cuillent le muguet,
Se dy alier par eux n'estoit sommé,
Ilz se voyoit dont il faisoit taverne,
Lequel estoit des buveurs consommé
Qui ne croissoit n'en rocher ne caverne.

Ceux qui n'avoient or et argent en bourse,
Ne se trouvoyent par luy les bien venuz,
Ce néantmoins ne leur estoit rebourse
Se sur iceulx il y avoit ressource,
Et fussent ilz en chemise et tout nudz;
Riches et plains qui ont gros revenuz,
Bien recueilliz estoient en sa maison,
Gens d'église jeunes, vieulz et chenus,
Bien les aymoit, comme homme de raison.

L'escot n'estoit compté ne hault ne bas,
Par son varlet ne par ses chambrières,
Et si d amours ilz aymoient les esbas,
Pourvu que bruyt n'en venoit ne debas,
Le bon Taillant ne s'en soussioit guieres
Par cœur scavoit les façons et manieres
Comme il falloit les gens entretenir,
Au doulx Jésus soient faictes les prières,
Qu avecques luy le veuille retenir.

Que vous semble de notre hôte d'après ce portrait? Il était bon diable, c'est vrai, mais quelque peu faible et complaisant aussi; donnant assez volontiers dans ces utiles services rendus aux amours faciles, avec lesquels on ne marchande pas trop « *pourvu qu'il n'en vienne ni bruit ni débat.* » Que voulez-vous? C'était là le fond du métier; pas un tavernier n'échappait à sa honte; Taillant lui-même, vous le voyez, Taillant, le cabaretier modéle, y donne les mains.

Nous aurions beau dire ici, nous aurions beau crier, nous ne pourrions faire qu'il en fût autrement alors, comme aujourd'hui. Ce bon Laurens Desmoulins, déjà cité tout à l'heure, s'évertua pour cela, en vers indignés, dans son *Catholicon des mal advisez;* mais ce fut en pure perte. Nous n'imiterons pas sa grande colère. Tout ce que nous pourrons faire, c'est de redire les vers que lui inspirèrent ces amours clandestins et coupables, trop complaisamment abrités sous les tonnelles ombreuses des guinguettes du temps; trop impunément blottis dans les cabinets particuliers des restaurants de l'époque.

Il s'adresse aux taverniers et leur dit :

> Vous qui êtes recelleurs de gens tels,
> Le mal qu'ils font vous encombre et vous blesse
>
> . . . .
> Vous leur livrez vos jardins, vos hôtels,
> Ou recélez sont de jour et de nuict.
> Amendez-vous, taverniers déceptifs,
> Car de tous maux vous estes nutritifs .

Un éloge, sans restriction aucune, que Collerye fait de Taillant, c'est qu'il ne comptait jamais un écot ni trop haut ni trop bas : or, ma foi ! cet éloge-là en vaut bien un autre, surtout par le temps qui courait alors, voué sans vergogne aux tarifs arbitraires, excessifs, ruineux ; laissé enfin tout au bon plaisir de messieurs les hôtes, qui réglaient, comme ils l'entendaient, la dépense, et étaient en droit de regarder tout nouvel arrivant, comme une proie *taillable à merci.*

Jusqu'au règne de Henri III, les choses allèrent de même. Point de loi, point de tarif ; tout était remis à la bonne foi, à la conscience de l'hôte, autant dire à celle du diable.

Enfin, les voyageurs, les buveurs, furent pris en pitié : une ordonnance fut rendue ; et il y eut une telle joie dans la gent biberonne, qui naturellement compta toujours quelques poetes parmi ses meilleurs suppôts, que tout d'abord, comme le thème le plus joyeux, elle fut prise pour être mise en chant.

Le vin à deux sols la pinte ! quel plus beau texte en effet ? Cela ne valait-il pas bien la peine de trouver quatre vers ? On les trouva :

> Le plus cher vin vendu la pinte
> Partout ne sera que deux sols ;
> Qui le vendra plus cher sans feinte
> Payera l'amende tout son saoul

C'est là le couplet le plus saillant de ce décret mis en rimes , que nous avons trouvé dans le recueil de Techener: *La fleur des chansons nouvelles* , p. 6-11, sous ce titre : *Discours de l'ordonnance du roy sur le faict de la police générale de son royaume.* Le tout se chantait sur le chant : *du soldat de Poictiers.* On s'y préoccupait de toutes les choses de la goinfrerie, non seulement pour le boire, mais pour le manger. On en jugera par les quatrains suivants :

> Les tavernes seront munies
> De ce qu'il faut tant pain que vin,
> De viandes seront fournis
> Comme il appartient à tel train.

Comme pour un pareil sujet de jubilation la rime devait venir abondante et facile à celui qui écrivait !

> Au rotisseur pour l'abillage
> D'une grosse piece, sans plus,
> Prest à larder selon l'usage.
> Aura un douzain et non plus

> Banquets ne feront ne despense
> Les jurés de chacun mestier ·
> En passant maistre en ceste France,
> Ny d'eulx prendre aucun denier.

Pour ce dernier quatrain, reproduisant l'article de l'ordonnance qui interdisait les repas de confrérie, la rime dut être plus difficile à naître : mais qu'importe après tout la défense de se griser en compagnie, puisque restait la liberté de bien boire seul !

> Payé sera pour la despense
> D homme et cheval à l hostellier,
> Pour les jours suivant l'ordonnance,
> Vingt et cinq sols au prix dernier.

Quant à cette dernière prescription, je doute bien fort qu'elle fût jamais observée dans toute sa teneur. Cela était bon dans le compte de la loi, mais dans celui de l'hôtelier, non pas. Venait-il quelques gens du roi, pour eux on en passait par le tarif légal, il le fallait bien ainsi ; mais c'était à charge de revanche et d'indemnité sur le pauvre diable qui venait après.

L'ordonnance, cependant, avait bien pris ses précautions pour que personne ne fût ainsi lésé, en ignorant du prix à payer pour chaque chose dans une auberge. Nous n'avons vu que le texte rimé de l'ordonnance du 21 mars 1579, *sur le taux des hôtelleries*, laquelle n'était, du reste, elle-même qu'une reproduction de celle du mois de mars 1577 ; il est assez explicite déjà, le texte en prose l'est plus encore. Il y est dit que l'hôte sera tenu d'écrire sur la principale porte de son auberge, le taux de tout ce qui se prend chez lui : le manger, le boire et le coucher. Les aubergistes se soumirent ; on put lire, en effet, le tarif exigé, écrit en gros caractères sur les montants ou bien au-dessus de l'huis principal de l'hôtellerie. Si c'était une petite auberge où l'on ne logeât que les gens à pied, on lisait : DÎNÉE DU VOYAGEUR A PIED, SIX SOLS ; COUCHÉE DU VOYAGEUR A PIED, HUIT SOLS.

Si c'était une grosse auberge, au contraire, de celles qui logeaient hommes et bêtes, qui avaient vastes écuries, vastes remises, vastes cuisines, vastes salles, grandes tables, grands feux, et qu'on nommait plutôt *gîtes* qu'hôtelleries, ainsi qu'on le voit au chapitre premier du *Guide des chemins de France*, par Charles Estienne, alors le tarif montait. On lisait écrit à la porte : DÎNÉE DU VOYAGEUR A CHEVAL, DOUZE SOLS ; COUCHÉE DU VOYAGEUR A CHEVAL, VINGT SOLS. C'était déjà une assez forte dépense, surtout pour le temps. Encore n'était-ce pas tout, et lorsque dans quelques hôtelleries, qui s'annonçaient par la splendide enseigne pendue sous de beaux grillages dorés, on vous avait servi en une belle vaisselle d'argent ; lorsqu'on vous avait fait coucher dans de moelleux lits de soie,

comme ceux que trouva Montaigne, à la couchée de Châlons, je ne puis vous
dire à quel taux élevé montait la dépense ; seulement il est certain que le tarif
était de beaucoup dépassé, et qu'alors vous n'aviez pas à vous plaindre. Si vous
vous en avisiez, c'était l'hôte qui criait le plus fort ; si, bien plus, vous refusiez
de payer, il n'était pas empêché pour recourir de suite aux grands moyens. Vous
étiez arrivé sur un bon cheval, maintenant à l'écurie : vite, notre homme ne pouvant avoir argent du maître, se payait sur la monture. Répliquiez-vous ; fort sur
le droit, il vous ripostait sans sourciller, en palpant le prix de la bête, qu'il en
agissait ainsi, en vertu de l'article 396 des *coutumes de Rheims*. Si le cheval ne
suffisait pas, l'hôte faisait comme pour le pauvre soudard de tout à l'heure ; il
vendait l'épée du voyageur, avec le baudrier, etc., et cela avec d'autant moins
de peine, qu'une ancienne ordonnance lui permettait de désarmer les pratiques
dès l'entrée. On trouve cet édit, bien digne d'un temps de guerre civile, dans les
registres du Parlement, sous la date du 20 juillet 1553 ; il est des plus for-
mels : « Les-hostelliers, y est-il dit, désarmeront leurs hostes. »

Quand on reprochait aux hôteliers d'être si âpres au paiement, si inexorables
pour la pratique, ils se justifiaient par des plaintes, se disaient de pauvres
diables bien dignes de pitié, plus misérables cent fois que ces mendiants pour
lesquels, l'article 30 des ordonnances de la ville de Metz, sur la *police des pauvres*, les forçait d'appendre un tronc à leur huis. Ils s'indignaient surtout des
impôts qui les accablaient ; ils parlaient toujours des contributions dont ils
avaient été grevés par les édits du 15 décembre 1595 et du 13 février 1596.
Et cependant, quand on allait au fond de la vérité de ces plaintes, il se trouvait
que la plupart des aubergistes qui criaient le plus fort étaient justement exempts
d'impôt, soit pour une cause, soit pour une autre. En Bretagne, il y avait
beaucoup de ces hôtelleries franches. On lit sous la date du 9 décembre 1599
dans le *Précis des délibérations des Etats de Bretagne* : « Par les baux des impôts et billots, l'exemption des hôtelleries franches est réservée et stipulée. »
Plus tard, sous la date du 23 janvier 1637, on y lit encore : « Les États consen-
tent à l'établissement d'une hôtellerie franche des impôts et billots à Quintin...
Permis par lettres-patentes aux héritiers de Lalouer de Saint-Brieux, en consi-
dération des services par lui rendus à Henri IV. »

Mais qu'ils fussent ou non francs d'impôts, les hôteliers volaient ; jamais la
pratique ne profitait de leurs franchises. Voyez, si Artus Désiré dans son inexorable petit pamphlet, déjà si souvent cité ici, fait exception pour les voleries
des privilégiés. Ils volent si bien à l'avenant des autres, qu'il ne prend pas la
peine de parler de cette exemption d'impôts, qui devrait pourtant rendre quelques uns moins ardents et moins impitoyables. Partout la *piperie* est la même
et procède par ruses semblables : pots d'étain bossués exprès, chopines à fonds
élevés en dedans ; mauvaise huile, beurre rance, etc.

Si vous prenez bien garde a leurs forfaits,
Vous trouverez leurs chopines et pots
Tous maschoquez, bossus et contrefaitz
Pour desrobber aux chalans et suppotz
Ces choses-la ils font tout a propos,
A celle fin qu'ils ne tiennent pas tant,
Et les culs sont si repoussés avant,
Si tempestez et si renforcez d'eulx,
Que vous perdrez, sans être consentans,
Dessus un pot, bien pres d un verre ou deux
    Il n y a pipeurs,
    Entre tous mestiers,
    Ne plus grands trompeurs
    Que sont taverniers

Semblablement, ils ont escuelle et platz,
Dont chascun plat le cul eslève et haulce,
Et tout exprès ils les font faire platz,
Afin que pas ne tienne tant de saulce,
Et pour couvrir leur déception faulce,
Vous y donront, à vos grands coustz et frais,
D'une morue et austres poissons frais,
Avec un peu de vieux beurre vilain
Gros comme un pois, et à veoir leurs aprestz,
Il semblera que le plat soit tout plain.
    Les faux desloyaux,
    Trippes et boyaux,
    Se donront en vain,
    Pour un liard de pain

Si vous mangez sallade en leur maison,
Dans lesditz platz aussi unis que glace,
Ils vous mettront pour maille de cresson,
Auec un peu d'huile d'olive grasse,
Et de cela, sauf notre bonne grâce,
Ils ne prendront que dix et huit deniers,
Et eussiez-vous tout plain coffre et panniers
D'or et d'argent, vous n'en payerez point plus,
Car c'est le taux des susditz taverniers,
Mais gaigneront les trois pars au surplus
    D'un seul denier quatre,
    Et n'en rabatront,
    Payer vous feront,
    Pour crier ne battre

Arrive après cela le tableau des avanies que font les taverniers à quiconque
regimbe pour payer : rien n'est omis, ni leur morgue insolente qui ne permet
pas qu'on les contredise d'un mot où qu'on rabatte leur compte d'un denier ;
ni leur emportement, ni les injures dont ils vous accablent pour un liard en li-
tige. Ils vous tiennent par la honte dont ils savent bien qu'ils vous abreuveront
quand il leur plaira de vous invectiver en pleine rue, les gros mots en bouche
et le poing sur la hanche :

En leur estat, ils ont plus de puissance.
Cent mille foys que le roy notre sire,

> ⁺Car ils prendront toute vostre chevance,
> De fait et force, et n'oseriez mot dire
>
> . . . .
> Si selon Dieu et vostre conscience,
> Vous les payez, et qu'ils ne soient contents,
> Il se mettront contre vous en deffense,
> Et vous suyvront un espace de temps,
> Devant le monde en injure et contens.
> Crieront sur vous au meilleur de la rue :
> « Vilain meschant, paye-moi ma morue ; »
> Dont vous feront si grande injure et honte,
> Qu'arresteront vos chevaulx et charrue,
> Et les payerez tout au long de leur compte...

Un peu plus haut Artus Désiré nous avait fait voir par un exemple la façon dont la plus détestable cuisine devait être toujours chèrement payée dans une taverne :

> Devant mes yeulx j'ay veu en plaine rue,
> A une hostesse achepter sur le banc,
> Pour six deniers d'une vieille morue
> Qui ne valoit à peine pas un blanc
> Or, devinez, sans le vin, ne pain blanc,
> Combien el' fut aux compagnons vendue?
> Je suis mauldit si la faulce pendue
> N'en fit payer deux soulz et six deniers.
> Or, regardez si c'estoit chose due,
> Et combien c'est que gaignent taverniers

Artus Désiré ne s'en prend pas seulement aux maîtres d'hôtellerie qui se pavanent si bien sur leur seuil, bouquet à l'oreille, comme les montre Robert Gobin en sa fable des *Loups ravissants*, ou bien portant ce bonnet de drap blanc dont il est parlé au chapitre 6, livre II, des leçons de la Nauche et qui tranche si bien avec le bonnet rouge des pâtissiers de village que Brantôme, il nous semble, mentionne quelque part ; il s'attaque aussi, comme à drôles ne valant pas mieux que leurs maîtres et même faisant pis, aux garçons de tavernes et aux chambrières :

> Dedans Rouen, varletz sont appelez,
> Et à Paris nommez clercz de taverne,
> Clercz d'yvrongnise ordoux et verolez,
> Qui ont la chair toute puante et terne,
> Promptement sont les clercz de Maugouverne ;
> Les clercz du diable, ou tout peche abonde.
> Au demourant les meilleurs filz du monde
> En outre plus l'esprit si maling ont,
> Qu'il n'y a gentz soubz la machine ronde
> Plus adonnez à mal faire qu'ilz font

Ce sont ces *clercs de tavernes*, ces garçons de cabaret qui sont chargés d'avoir l'œil sur le client et surtout de le harceler à la dépense quand, sa bouteille étant vide, il n'en demande pas une nouvelle :

Si trop longtemps vous demourez à table,
Sans boire vin, comme l'on est par coups.
Jehan l'ivrongnet, plus puant que le diable,
Sans l'appeler accourra devers tous.
Et vous dira : « Messieurs, que voulez-vous? »
Pour vous donner occasion de boire,
Et tant de fois vous baillera mémoire
D'avoir du vin, que sans nécessité,
Vous contraindra, en son audace et gloire,
D'offencer Dieu par prodigalité

Pour la chambrière Margot, comme l'appelle notre rimeur, sa besogne est de flatter et de dorloter la riche pratique, tout en faisant mine revêche aux pauvres gens.

Si ce sont gens de grosse gravité,
Portant un bord de velours sur leurs manches,
Servis seront en grand félicité,
A nappe fresche et à serviettes blanches,
Margot viendra qui frottera leurs hanches,
Auprès du feu, a beaulx couvrechef blanc,
Mais si un pauvre, assis au coin du banc,
Demande avoir serviette sur l'espaulle,
On luy donra plutost pour un grand blanc
De coups de poing ou de grands coups de gaulle.

Margot ne s'en tient pas là, elle vient s'asseoir à l'écot des riches, les cajole et les enjôle.

Incontinent que serez arrivez,
Ils vous donront pain et vin sans demande,
Et à cel fin que plus fort vous buvez,
Ils vous feront filer long la viande,
Et la Margot orgueilleuse et friande,
Auprès de vous viendra rire et prescher.

Ainsi, toujours bonne mine à celui qui arrive bien monté, avec grand équipage ; mauvais visage et souvent même porte close à celui qui survient à pied :

Si ce sont gens bien montez et bottez,
Reçus seront a grand joye et soulas,
Et pres du feu ils seront décrottez,
Traictez, grattez, et frottez hault et bas
Mais comme ay dit, si c'est quelque homme las,
Qu'il soit à pied par faulte de monture,
De leur logis ne feront ouverture ;
Ains l'envoyeront chercher un autre apport,
En grand danger de coucher sur la dure,
Et de gaigner possible là sa mort.

Les laisse-t-on entrer par pitié, ces malheureux passants, c'est pour les abreuver de mépris et de mauvais vin, les reléguer dans le coin le plus enfumé

de la salle, et leur dire à chaque chose qu'on leur sert, et dont ils se plaignent :
« C'est assez bon pour vous. »

> Si pauvres gens tant de villes que champs
> Dessus le jour vont boire en leur maison,
> Les vieux pourris, podagres et meschants,
> Pour leurs habitz feront d eulx méprison,
> Et leur donront d'un vin hors de saison,
> Du plus petit, et de basse valeur,
> Lequel payeront autant que le meilleur ;
> Et s'il advient qu'en demandant du doulx,
> Ils respondront par une grande fureur :
> « Au diable ! au diable ! il est trop bon pour vous. »

Croyez-vous toutefois que, pendant ce temps, le riche, qui a bien payé, soit convenablement traité, et qu'on lui continue toutes les petites mijoteries dont les dorloteries de Margot étaient la friande promesse? Point. On le mène en une mauvaise chambre, mal close, mal éclairée, et on le couche en de sales draps. Il a grassement payé pourtant ; oui, mais il a payé d'avance, et c'est là le mal. Le lit le fait durement repentir de son imprudence : il crie après la chambrière ; mais c'est peine perdue, elle lui soutient que les draps sont tout blancs, tout frais sortis de la lessive ; et à la première réplique, elle lui souffle la chandelle au nez, de telle sorte que s'évertuant dans l'ombre, il ne puisse plus lui montrer, preuves en main, qu'elle a menti :

> Après qu'aurez tout à leur mot compté,
> Et accordé ce qu ils demanderont,
> De salles draps vous serez remonté,
> Et en vieulx lict qu'ils vous appresteront,
> Et facilement accroire vous feront,
> Qu'il sont tous blancz et venant de buée ;
> Et la servante à jurer despravée
> Affermera, tant au riche qu'au pauvre,
> Qu'ils sont tous frais et que la relevée,
> Ils ont esté repliez dans le coffre.

Une des choses qu'Artus Désiré reproche le plus aux taverniers, — et ceci fait honneur à sa piété, — c'est le mélange éhonté qu'ils font des choses de la religion avec les choses d'ivrognerie et de luxure. Il leur fait d'abord un crime de leurs enseignes peintes, presque toutes à l'invocation d'un saint ou d'une sainte,

> En leurs logis pleins de vers et de teignes,
> Ou est logé le grand diable d'enfer,
> Mettent de Dieu et des saints les enseignes
> . . . .
> Leurs ditz logis où ny a que desroys,
> Pendre font tous sur le pavé du roy,
> De grands tableaux et enseignes dorées,
> Pour desmontrer qu'ilz ont fort bien de quoy,
> Et qu'il y a de très grasses porées.
> . . . .

> L un pour enseigne aura la Trinité,
> L'autre sainct Jehan, et l autre sainct Savin,
> L autre saint Mor, l autre l Humanité ·
> De Jésus-Christ nostre sauveur divin
> De Dieu des sainctz sont leurs crieurs de vin.
> Tant aux citez que villes et villages,
> ·Et vous mettront dessus les grands passages,
> Aux lieux d'horreur et d'immondicité,
> Des susditz sainctz les devotes images,
> En prophanant leur préciosité

Notre rimeur s'indigne aussi de ce que les tavernes restent ouvertes pendant les offices, et qu'on y trouve plus grande foule qu'aux églises. Il est en cela plus intolérant que certains chapitres, notamment celui de Troyes en Champagne. Par ses STATUTS SYNODAUX, *qualiter sacerdotes erga parochianos suos se debent habere; locus primus*, il avait permis à tout tavernier d'ouvrir sa porte et de tenir table, même pendant les offices, pour les étrangers passants. Il est vrai que certains édits royaux n'avaient pas été du même avis que les statuts synodaux, et avaient même défendu ce qu'ils permettaient. C'est sur ces ordonnances, moins écoutées par les taverniers que celles du synode, que maitre Artus se fondait pour dire :

> Au temps présent on a beau leur défendre,
> De bailler vin durant la dicte messe,
> Maulgré le roy ne laisseront à vendre,
> Et à tenir jeux de dez à largesse,
> Car en ces jours, c'est quand il y a presse,
> . Et que leurs lieux sont tout pleins d'ivrongnise.
> Parquoy il fault quand on est a l église,
> Qu'à leurs gourmans ils ouvrent la taverne,
> Et qu'à toute heure ayent la nappe mise :
> Ce temps pendant que le diable gouverne.

Que n'a pas dit déjà Artus Désiré sur les abus des tavernes, et cependant sa verve n'est pas épuisée; loin de là, ses plus vertes invectives sont en réserve : c'est aux gens qui quittent un bon métier pour prendre l'immonde profession de cabaretier, c'est enfin aux hôtelières elles-mêmes, si coquettes, si arrogantes dans leur coquetterie, qu'il tient à décocher les meilleurs traits de sa satire. Voyons ce qu'il dit d'abord des premiers :

> Quand un marchant pour taverne tenir,
> Vient à laisser son train de marchandise,
> De son salut ne luy peut souvenir.
> Par avarice où son cueur tire et vise, .
> Compte ne tient de Dieu ne de l'église,
> Ains n'a soucy que d'amasser du bien,
> Et s'il estoit aussi homme de bien
> Que fut jamais monsieur sainct Jehan-Baptiste,
> Meschant sera, de ce n en fauldra rien,
> Et deviendra malicieux et triste

Il s'acharne plus opiniâtrément encore avec un esprit d'analyse plus impitoyable après les hôtelières ; il ne les laisse qu'après les avoir détaillées, avec une plume vengéresse, dans tous les secrets ridicules de leur orgueil et de leur coquetterie :

> Quand l'hostelière a le bruit des yvrongnes,
> Et quel se voit un grand amas d'argent,
> Cela lui fait si enfler ses deux trongnes,
> Quelle ne fait compte d'aucune gent
> Quand elle voit quelque gros président
> Loger chez elle et qu'elle a tout l'apport,
> Alors son cœur s'esleve si treffort,
> Qu'il semble à voir sa mine et contenance,
> Que crainte el' n'ait de diable ne de mort,
> Et qu'il n'y ait femme plus riche en France.

Être belle et brave, comme une dame de haute noblesse, avoir de somptueux atours, comme une duchesse et comme une présidente, et trôner tous les jours, splendide et fière, dans ce luxe et cet apparat; voilà ce qui tenait le plus au cœur des tavernières de ce temps-là. En cela, nos belles limonadières, si avides de beaux affiquets, de dentelles, de dorures, etc., qui les fassent rayonner derrière le comptoir, sur un trône en velours d'Utrecht, sont bien leurs dignes descendantes ; la coquetterie et le faux luxe étaient du métier, ils se sont éternisés, sans compter les autres menues grâces de l'état.

Mais écoutons encore ici Artus Désiré :

> Regardez-moy ces hostesses pisseuses,
> Elles seront dessus leurs bancz assises,
> En grant orgueil et si très glorieuses,
> Qu'on jugeroit que sont femmes rassises,
> Le nez el' ont rouge comme cerises,
> Et en cela se pensent si très belles,
> Que s'il advient que quolqu'un parle a elles,
> Ell' lui tiendront gravité si tres grande,
> Que de fierté les maudiltes femelles,
> Ne respondront à ce qu'on leur demaude.

A Toulouse, il y eut presque une émeute, à cause de cette morgue des tavernières, qui, ne s'en tenant pas à la coiffure bourgeoise, voulaient, comme grandes dames, se parer du noble chaperon de velours. Un arrêt du *Livre blanc* vint formellement le leur interdire ; et si, plus tard, cette licence de coquetterie leur fut enfin octroyée, ce fut seulement par ironie dans les *Joyeuses recherches de la langue tolosaine*, rarissime livret de ce bouffon d'Odde de Triors. Il y est dit : « Hotelières et tavernières avec leur face cramoysie et rouge museau peuvent porter chaperon de velours, qu'est une chose du tout contrevenante à l'ordonnance d'institutions du Livre-blanc de cette ville de Toulouse. » Oh ! que si cette sentence n'eût pas été une moquerie, c'est-à-dire eût été aussi

réelle qu'elle semble l'être, quelle liesse et quels airs de triomphe dans le
monde de mesdames les hôtesses toulousaines, dans tous ces cabarets et toutes
ces auberges qu'Odde de Triors a soin de nous nommer en un autre endroit :
« En ces tavernes et lougis, comme Remond Lautier, la Véronique, la Clef, la
Francimande, la *Loannette*, la Prune, la Saulvage, Pinel, la *Blanque*, *Gueissel*,
Le Romieu, *Gratalon*, *Alias*, le Pipotier et Paillardise, quand tenait lougis, et
plusieurs autres, lesquels je ne nomme *brevitatis causa.* »

Mais revenons aux hôtesses parisiennes, aussi bien ce sont elles seules qui
tiennent au cœur de notre guide, Désiré Artus. A un certain passage, ils trouvent
presque de l'éloquence pour les invectiver, et nous dire qu'elles étaient le plus
immonde composé de tous les vices :

> Si tout l'orgueil qui fut jamais au monde
> Estoit perdu, on le recouvreroit
> Au mauldit corps de l'hostelière immonde ;
> Qui d'un couteau son cœur inciseroit,
> Et vous dy plus, que l'on y trouveroit
> Ire, larcin, avarice et usure,
> Avecques pots de mauvaise mesure,
> Et qui pi est, dans le profond meillieu,
> Un gros fardeau de charnelle luxure,
> Couvert de dez et d'impudicque jeu.
> Tant graves sont les dites hostelières,
> Que par superbe elles se font nommer,
> Dames sans queue ainsi que chevalières,
> Des grands seigneurs qui sont à renommer
> Or, en ces lieux, je les veulx surnommer
> Pour leur oster ce tiltre de princesses,
> Je les baptise et les nomme diablesses,
> Filles du diable, encor de Lucifer,
> Qui leur donna sur leurs paillardes fesses,
> De gros fouets et des verges d'enfer, etc.

> Si en passant vous ostez le bonnet
> En leur faisant honneur et révérence,
> Un fier regard vous donront le cornet
> En meprisant vostre honneste présence,
> Et outre plus, d'une folle loquence,
> Se gaudiront et mocqueront de vous

Tout ce qu'a dit Artus Désiré sur les taverniers, leurs femmes, leurs chambrières et les abus de toutes sortes qui leur servaient d'escorte, n'est pas son
opinion exclusive. On en retrouve le détail exact, précis et toujours amer dans
plus d'une pièce du temps ; par exemple dans celle que nous allons citer maintenant, et qui, tout en nous donnant des faits nouveaux, ajoutera par plus d'un
point au piquant de ceux connus déjà.

Rien ne dit plus et mieux sur les mœurs qu'une chanson bien faite. Or, c'est
une chanson sur les taverniers et les tavernières que nous allons reproduire, et

c'est une des meilleures que nous ayons jamais trouvées. Elle ne laisse rien à
apprendre sur les façons en pratique dans les cabarets, sur la moralité de ceux
qui les établissaient pour refaire leur fortune ruinée ailleurs ; sur les habitudes
dissolues des chambrières, *bonnes à tout faire*, comme dans nos modernes hôtelleries ; sur les manières de galanterie et de ruineuse coquetterie des dames du
lieu ; bref, sur les mauvaises denrées effrontément servies, chèrement tarifées,
mais aussi en échange très souvent fort mal payées. Écoutez, d'ailleurs, ces
dix longs couplets qui se trouvent à la page 91 de la *Fleur des chansons nouvelles* (à Lyon, par Benoist Rigaud, 1586), petit volume que Techener a reproduit dans le recueil de ses *Joyeusetez, facécies.*

CHANSON NOUVELLE

DES TAVERNIERS ET TAVERNIÈRES.

sur le chant :

Enfans, prenez courage.

Bourgeois et gentils hommes,
Qui allez par pays,
D argent vous faut grands sommes
Pour payer vos logis ;
Vous trouverez une hostesse
Qui fait de la maistresse,
Quelque vin ripopé,
Vous avez d advanture,
Souvent lasche ceinture,
Quand vous avez soppé

Taverniers, tavernieres,
Qui sçavez les manieres
D'amasser a grand tas,
Quand vous avez un hoste,
Pour Dieu vivez de coste,
Mais ne le pillez pas

Les despences sont chères,
Chez ces beaux taverniers,
Et si n'en mangez gueres
Pour beaucoup de deniers
Le disner qu'on vous donne,
La carpe n'est pas bonne,
Le brochet trop gardé,
Au dessert le fruictage.
De Milan le fromage,
Vous estes mal disné.

Taverniers tavernières,
Qui sçavez les manieres etc.

Pour toute la journée,
Pour homme et pour cheval,

Grasse somme est payée,
Cela vous faict grand mal,
Trois francs ou quatre livres,
Et si n'êtes pas yvres,
Car le vin est petit ;
Souvent sortez de table,
·La chose est véritable,
Avecques appétit.

Taverniers, tavernières,
Qui sçavez les manières, etc.

Au cheval son avoine,
Vous sçavez présenter,
Mais vous n'avez la peine
De la lui voir oster
Quand vous avez l hostesse
Qui vous faict la caresse
Pour avoir de l'argent,
Elle a bien la finesse
De prendre hardiesse
De prester son corps gent.

Taverniers, tavernières,
Qui sçavez les manières, etc.

S'il faut une chandelle
Pour aller vous coucher,
La chambrière belle
Vous faut pour la moucher ;
Si elle est godinette,
Vous baisez sa bouchette
Un petit coup ou deux ;
Si vous estes bien sage,
C'est tout un du visage,
Mais gardez l'entre-deux.

Taverniers, tavernières,
Qui sçavez les manières, etc

La belle chambrière,
Au matin vous va voir,
Vous faisant bonne chère
Pour son butin avoir ;
Ce sont les tromperies
Et les affronteries
Que font les taverniers,
Un chacun s'employe
Pour attrapper monnoye,
Ce sont fins alesniers.

Taverniers, tavernières,
Qui sçavez les manières, etc.

S'il y a en la ville
Quelque malentendu,
De nature serville
Qui a tout despendu,
Prend quelque chambrière
Qui entend la manière

De dresser son tétin, .
Ayant argent en bource,
Il y va d'une cource
Pour avoir ce butin.

Taverniers, tavernieres,
Qui sçavez les manières etc.

Ayant fait bonne chère
Quelque petit de temps,
Avec sa chambrière
Prenant son passe-temps.
Hélas ! se dict la dame,
Ce nous serait diffame,
Quand nous n'aurons plus rien,
Pauvreté nous gouverne,
Il faut lever taverne
Pour amasser du bien

Taverniers, tavernières,
Qui sçavez les manières, etc

La taverne levée,
L'enseigne et le bouchon.
La dame bien peignée,
Les cheveux en bouchon :
Soudain y aura presse
Pour l'amour de l'hostesse,
Chacun y accourra ;
Il n'y aura yvrongne
Qui n'y porte sa trongne,
L'argent y demeurera.

Taverniers, tavernieres,
Qui sçavez les manières,
D'amasser à grand tas,
Quand vous avez un hoste,
Pour Dieu, vivez de coste,
Mais ne le pillez pas

Voilà certes des vers qui sentent leur bon poëte, mais leur poëte touriste étrillé à l'auberge.

Villon lui-même n'aurait pas mieux fait, s'il se fût jamais avisé de tracer le récit satyrique de ses pérégrinations à travers les hôtelleries de la France, notamment de l'Orléanais, alors qu'il fuyait les anathèmes, et, qui pis est, les potences de monseigneur Thibault d'Aussigny, évêque d'Orléans. Lui, du moins, s'il avait eu à raconter nombre de mauvaises *couchées*, nombre de détestables soupers faits dans les auberges, ou plutôt, comme on disait alors, parlant des bouges de grandes routes, dans ces *repues* provinciales. Il aurait pu, par revanche, nous donner après le détail des bons tours qu'il joua aux cabaretiers de Paris, comme s'il eût voulu prendre, sur eux et leurs victuailles, le dédommagement des mauvaises choses qu'il avait prises, et, aventure plus rare, payées peut-être dans ces hôtelleries.

Ces bonnes tavernes de Paris ! c'était donc toujours à elles qu'il fallait revenir. Le vin y était frelaté, d'accord, mais d'une si adroite manière, qu'on prenait presque volontiers le faux pour le vrai. Leurs hôtes, d'ailleurs, étaient souvent si commodes à la fraude, si accessibles au crédit !

Eustache Deschamps les avait déjà vantées entre toutes, surtout avant celles d'Allemagne ; il avait dit aux souverains de ce triste et morne pays, pour leur prouver qu'un château, chez eux, ne valait pas un cabaret en France :

> Princes, par la vierge Marie !
> On est, en la *Cossonnerie*,
> Aux *Cannettes*, ou aux *Trois rois*,
> Mieux servis en l'hostellerie,
> Car ces gens que je vous escrie,
> Jà n'y parleront que Thiois

Villon fait mieux, il ne s'en tient pas aux vers de louanges envers les taverses parisiennes, il revient à elles, et, pour en jouir plus longtemps, il écrème gratis leurs délices. Il a pour cela des ruses particulières, dont il fait ses uniques ressources, et qui se trouvent racontées dans les *Repues franches*, comme dans un traité de recettes larronnes. Ce titre de *Repues franches* est bien trouvé, qu'en dites-vous ? Ce sont en effet repas où le convive fripon, tout en se repaissant bien, reste *franc* et quitte du prix à payer, et, tant il est alerte à décamper, *franc* aussi des poursuites de l'hôte. Bien boire le vin de celui-ci, et s'en aller en lui faisant la nique, voilà le sublime du métier ; Villon a fait quatre vers qui en sont bien la devise, mais non pas certes la morale :

> C'est bien disné, quand on s'échappe,
> Sans débourcer pas ung denier, .
> Et dire adieu au tavernier,
> En torchant son nez à la nappe

Ce quatrain termine la IIIe de ces *Repues*, et il pourrait, pour toutes, revenir comme final et comme conclusion. Pour être complets, il n'en est pas une des onze, cinq pour la première partie, six pour la seconde, que nous ne devrions vous conter en détail, mais cela, malgré le charme du récit que nous prendrions tout fait à Villon, traînerait peut-être en longueur ou en ennui. Il nous suffira de donner le titre de chacune avec quelques vers en guise de scholies, et surtout avec l'indication du lieu où se passe la scène friponne ; nous connaîtrons ainsi quelques tavernes de plus.

D'abord vient le préambule, où, en vers dignes du sujet, il est fait appel à quiconque doit, par nature, se mettre à la piste et faire sa joie des *Repues franches*.

> Tous gallans, à pourpointz sans manche,
> Qui ont besoing de repeues franches

CONDITIONS DE LA SOUSCRIPTION.

L'ouvrage entier formera trois forts volumes grand in-8° jésus, imprimés avec le plus grand luxe, et en caractères neufs, par L. MARTINET.

Ces trois volumes paraîtront en 100 livraisons.

Chaque livraison contiendra toujours, et alternativement, une planche tirée à part et une feuille de texte de huit pages, ou deux feuilles de texte sans gravure.

Les planches, dont les *développements du sujet* exigeront un format double, compteront pour *deux planches.*

Prix de la Livraison : 30 cent.

(Il paroîtra au moins une livraison le samedi de chaque semaine.)

Les *illustrations* consisteront en 50 types ou scènes privées tirés à part avec le plus grand soin; en têtes de pages, fins de chapitres, frontispices, etc., etc., se rapportant toujours au sujet traité dans le chapitre.

La moitié des types ou scènes privées (25) sera *coloriée à l'aquarelle.*

Toutes les planches sont exécutées par AUG. RACINET fils, d'après les documents authentiques et les grands maîtres, et la gravure en est confiée à ADRIEN LAVIEILLE (médaille d'or à l'exposition du Louvre de 1850).

AVIS IMPORTANT.

Le Dictionnaire complet des diverses langues-fourbesques et argotiques de l'Europe à toutes les époques, formant un 4° volume, *sera délivré gratuitement,* avec la dernière livraison de l'ouvrage, *à tout souscripteur* qui, sans interruption aucune, aura pris les 100 livraisons au fur et à mesure de leur publication, *à la même personne* qui aura recueilli sa souscription et qui pourra justifier ainsi du *droit du souscripteur* à ce volume supplémentaire.

Le prix de ce volume sera de 20 francs pour les non-souscripteurs à l'ouvrage complet.

Paris. — Imprimerie de L. MARTINET, rue Mignon, 2.

www.ingramcontent.com/pod-product-compliance
Ingram Content Group UK Ltd.
Pitfield, Milton Keynes, MK11 3LW, UK
UKHW020948140726
13695UKWH00003B/1282